Das IPN ist eine Forschungsanstalt des Landes Schleswig-Holstein und wird gemäß der "Rahmenvereinbarung Forschungsförderung zwischen Bund und Ländern" finanziert.
Seine Aufgabenstellung ist überregional und gesamtstaatlich. Es soll durch seine Forschungen die Pädagogik der Naturwissenschaften weiterentwickeln und fördern.

Institut für die Pädagogik der Naturwissenschaften
an der Christian-Albrechts-Universität Kiel

IPN - Einheitenbank Biologie

Die Bewegung unseres Körpers

Unterrichtseinheit für die Orientierungsstufe
(Klassenstufe 5 und 6)

Bearbeitet von
Gunhild Bitterling
nach einem Entwurf von Klaus Dylla

2. berichtigte und überarbeitete Auflage

Aulis Verlag Deubner & Co KG, Köln, 1980

MITARBEITER

ENTWURF: Klaus Dylla (Fulda)

UNTERRICHTSERPROBUNG

Projektleitung: Vorerkundung und 1. Erprobung: K. Dylla (Fulda)
2.[+] und 3. Erprobung: G. Bitterling (Kiel)

Arbeitskreise: E. Becker, Fulda; B. von Bock und Pollach, Kiel; C. Dronske, Eckernförde; A. Gradl, Kiel; R. Hesse, Fulda; O. Jost, Fulda; G. Kästle, Frankfurt; I. Klemm, Hamburg; I. Krahmer, Eckernförde; R. Köhl, Fulda; R. Köpke, Kiel; U. Krätzner, Fulda; E. Lange, Kiel; I. Lassen, Kiel; M. Lettau, Kiel; E. Lipkow, Kiel; G. Menzel, Kiel; R. Norden, Kiel; G. Petry, Kiel; R. Rossbach, Fulda; J. Sach, Kiel; H. Scho, Laboe; H. Siedler, Kiel; R. Sievers, Kiel; M. Stange, Kiel; R. Stange, Kiel; M. Stehr, Kiel; R. Storch, Kiel; B. Thiele, Kiel; B. Tiedtke, Bad Segeberg; H. Voss, Kiel; V. Weinreich, Neumünster; H. Wernich, Kiel; K. Wobbe, Kiel; J. Wraage, Pinneberg.

Tests: H. Lucht, S. Stange-Stich.

Datenverarbeitung: D. Jörgensen, G. Mach, W. Mende.

GRAFIK: U. Konitzky, U. Mucks, H. Borgwardt.

TECHNISCHE MITARBEIT: J. Eitenbenz, G. Haupt, G. Jacobsen, G. Kumutat, K. Michelsen, G. Voßkämper.

ENDREDAKTION: G. Bitterling, W. Isensee.

2. Aufl. überarbeitet von G. Schaefer

+) Zur 2. Erprobung lag eine überarbeitete Fassung der Lernzielkommission des Landes Hessen vor.

Best.-Nr. 2532

Alle Rechte bei AULIS VERLAG DEUBNER & CO KG, Köln, 1980

Umschlagentwurf: Ulrike Mucks

Gesamtherstellung: Weiss & Zimmer AG, Mönchengladbach

ISBN 3-7614-0538-3

INHALTSVERZEICHNIS

1. DIE IPN - EINHEITENBANK BIOLOGIE

Einführende Erläuterungen von U. Kattmann und G. Schaefer.

1.1. DIE EINHEITENBANK: EIN KONZEPT - VIELE TEILE

Die vorliegende Unterrichtseinheit ist Teil eines größeren,umfassenderen Lehrsystems, das von uns den Namen "Einheitenbank" erhalten hat. Die folgenden Erläuterungen sollen den Gesamtrahmen aufzeigen, in dem die Einheiten stehen. Sie sollen die Leitideen nennen und dem Leser Hilfen geben, um die Einheiten für seinen eigenen Unterricht fruchtbar zu machen.

Die Unterrichtseinheiten sind so konzipiert, daß sie möglichst vielseitig und flexibel verwendet werden können. Sie bieten eine große Freiheit bei der Wahl der Abfolge der Einheiten. Dies ist in unteren Klassen der Sekundarstufe I noch möglich. Außerdem ist beabsichtigt, nur etwa 60 % der verfügbaren Unterrichtsdauer für Biologie mit den ausgearbeiteten Einheiten abzudecken, so daß der Lehrer und die Schüler Phasen einschieben können, in denen sich andere, z.B. besonders aktuelle Themen behandeln lassen.

Innerhalb des Gesamtkonzeptes der Einheitenbank (s. 1.5.1 bis 1.5.3) sollen in den einzelnen Unterrichtseinheiten unterschiedliche Schwerpunkte verwirklicht werden. Da die einzelnen Unterrichtseinheiten auch für den Schüler überschaubar bleiben, können diese an der Wahl der Unterrichtsthemen und Unterrichtseinheiten beteiligt werden. Die Unterrichtseinheiten werden also in einer Art Baukastensystem miteinander verbunden.

Die nachstehend aufgeführten Unterrichtseinheiten sind die ersten Bausteine, welche 1974 und 1975 veröffentlicht werden:

(1.) "DER Mensch und DIE Tiere" (vorgesehene Klassenstufe: 5; ca. 12 Stunden)
Leitgedanke ist die Stellung der biologischen Art Mensch im Tierreich. Sozialwissenschaftlich bestimmte Bereiche werden besonders bei den ethischen und sozialen Fragen zum Rassenproblem in den Biologieunterricht integriert. Zur Einstellung von 10- bis 11-jährigen Schülern gegenüber Menschen fremder Rassen wurden Begleituntersuchungen durchgeführt, die auf einen Abbau von Vorurteilen durch den Unterricht schließen lassen.

(2.) "Die Bewegung unseres Körpers" (vorgesehene Klassenstufe: 5; ca. 10 Stunden)
Das Phänomen der Bewegung des Menschen wird als komplexe Leistung des gesamten Körpers behandelt (funktionelle Anatomie/Morphologie einschließlich der Steuerung durch das Nervensystem). Ausgegangen wird von Beobachtungen und Versuchen am eigenen Körper. Außerdem wird auf gesundheitliche Aspekte (Haltungsschäden, Knochenbrüche, Gesundheit und Schäden durch Sport) eingegangen.

(3.) "Nahrungsmittel und Verdauung" (vorgesehene Klassenstufe: 5/6; ca. 12 Stunden)
Im Mittelpunkt stehen experimentelle Untersuchungen (Nachweis

6

von Nährstoffen in Nahrungsmitteln und des Abbaus von Stärke bei der Verdauung mit Hilfe von chemischen Indikatoren). Besonders geübt werden dabei die empirisch naturwissenschaftlichen Methoden des Beobachtens, Hypothesenbildens und deren Überprüfung. Angesprochen werden Aspekte der Gesundheitserziehung (gesunde Kost, Überernährung) und der Welternährung (Teufelskreis des Hungers).

(4.) "Biologisches Gleichgewicht" (vorgesehene Klassenstufe: 6/7; ca. 15 Stunden)
Teile des Nahrungsnetzes rund um den Fichtenborkenkäfer werden, ausgehend von 2-Partner-Beziehungen, dargestellt und die Schüler so in Betrachtungsweisen der Ökologie eingeführt (Beziehungen zwischen Lebewesen und Umwelt; ökologisches Gleichgewicht). Die ökologischen Beziehungen werden mit Hilfe von Pfeildiagrammen dargestellt; auf diese Weise können auch komplexere ökologische Sachverhalte verdeutlicht werden. Mit dieser Unterrichtseinheit erfolgt eine Einführung in die kybernetische Darstellung von Wechselwirkungen (Regel-, Konkurrenz-, Aufschaukelungskreise).

(5.) "Atmung und Blutkreislauf" (vorgesehene Klassenstufe: 5/6; ca. 13 Stunden)
Anhand von Versuchen wird gezeigt, daß Sauerstoff für Tiere und den Menschen lebensnotwendig ist. Durch physiologische Bezüge wird der Begriff "Sauerstoff" inhaltlich gefüllt. Beobachtungen und Versuche am eigenen Körper führen die Schüler in die Atmungs- und Kreislaufregulation ein (Atemfrequenz, Pulsschlag). Außerdem werden die Aufgaben des Blutes behandelt und die Kreislaufsysteme anhand von einfachen Schemata erläutert.

(6.) "Sexualität des Menschen" (vorgesehene Klassenstufe: 5/6; ca. 13 Stunden)
Emotionale und soziale Fragen der Sexualität werden zusammen mit biologisch bestimmtem Wissen behandelt. Um die sprachliche Ausdrucksfähigkeit und die emotionale Sicherheit der Schüler im Bereich der Sexualität zu fördern, sowie die Bedürfnisse der Schüler in der Vorpubertät angemessen zu berücksichtigen, stehen die Schülerdiskussionen und das Unterrichtsgespräch an erster Stelle der verwendeten Unterrichtsformen (Gesprächskonzept).

(7.) "Überwinterung" (vorgesehene Klassenstufe: 5/6; ca. 13 Stunden)
Das Phänomen wird bei Wirbeltieren, Wirbellosen, Pflanzen und beim Menschen beobachtet. Dabei werden unterschiedliche Anpassungen bei verschiedenen Lebewesen an jahreszeitliche Veränderungen der Umwelt z.T. in Experimenten erarbeitet (Angepaßtheit in Anatomie/Morphologie und Verhalten, Anpassungsfähigkeit durch Lernen und Planen). Die Einheit besteht aus vielen kleineren Bausteinen, die eine vielfältige Variation in der Durchführung des Unterrichts ermöglichen.

(8.) "Blätter und Verdunstung" (vorgesehene Klassenstufe: 6; ca. 9 Stunden)
Die Unterrichtseinheit hat zum Ziel, den Schülern einen Einblick in das Problem der Wasserleitung bei höheren Pflanzen zu geben. Die Schüler führen hierzu selbständig pflanzenphysiologische Versuche mit Blättern durch. Die physiologischen Aspekte werden durch ökologische Aspekte ergänzt (Beziehung zwischen Anatomie des Blattes, Wasserverdunstung und Standort der Pflanze).

(9.) "Umfärbung und Laubfall" (vorgesehene Klassenstufe: 6; ca. 9 Stunden)
In dieser Unterrichtseinheit untersuchen die Schüler die herbstliche Laub-
färbung und deren Ursachen. Es werden einfache Trennungen von Blattfarb-
stoffen durchgeführt und dabei die stoffliche Grundlage der Blattfar-
ben aufgezeigt. Das Abwerfen der Blätter, die Erblichkeit dieses Phänomens
und die Humusbildung aus dem abgefallenen Laub werden so behandelt, daß
morphologisch-beschreibende, physiologisch-kausalanalytische und ökologische Betrachtungsweisen miteinander verknüpft sind.

(10.) "Fortbewegung bei Lebewesen und Maschinen" (vorgesehene Klassenstufe: 7/8; ca. 9 Stunden)
Anhand von Begriffen wie "Schwimmen" oder "Fortbewegung auf dem Lande"
wird versucht, das Fächerdenken des Schülers (und des Lehrers) zu überwin-
den. Gleichzeitig soll mit dieser begriffsorientierten Integration
ermöglicht werden, einerseits die Untersuchung "ökonomischer" Problemstellungen (Maximierung oder Optimierung?) aus der Technik in
die Biologie einzubeziehen, andererseits Beziehungen zwischen Naturwissenschaft, Technik und Gesellschaft (Verwendung wissenschaftlicher Erkenntnisse) erfahrbar zu machen.

1.2. WAS HEISST "CURRICULUM"?

Die Unterrichtseinheiten der IPN-Einheitenbank sind die Ergebnisse der Curriculumentwicklung des IPN im Bereich des Schulfaches Biologie.

Das Wort "Curriculum" beherrscht seit einiger Zeit die Diskussion um die
Reform der Lehrinhalte in Bildung und Ausbildung.

Neue Wörter werden oft für eine alte Sache erfunden. Im Fall "Curriculum"
wurde jedoch ein altes Wort für eine neue Sache wieder eingeführt.

Das lateinische Wort curriculum ist während der Aufklärung durch das deutsche Wort "Lehrplan" ersetzt worden, in einem eingeengten Sinn kommt es
heute aus dem angelsächsischen Bereich zu uns zurück.

Curriculum kann beschrieben werden als ein System von Lern- und Lehr-
elementen, in dem bestimmte Lernziele angegeben und der Unterricht beschrieben wird, durch den die Lernziele erreicht werden sollen. Im Gegensatz zu herkömmlichen Lehrplänen nennt das Curriculum also nicht nur allgemeine Ziele oder Richtlinien, sondern gibt neben festgelegten Lernzielen
außerdem an, durch welche Unterrichtsmaßnahmen des Lehrers und durch
welche Tätigkeiten der Schüler die jeweiligen Lernziele zu verwirklichen sind.
Das Curriculum, das die Bedingungen und Aktivitäten (Operationen) des geplanten Unterrichts beschreibt, ist ein in seinen wesentlichen Teilen spezi-
fizierter Lehrplan.

Eine umfassendere Definition von Curriculum lautet so: "Curriculum ist die
systematische Darstellung des beabsichtigten Unterrichts über einen bestimmten Zeitraum als konsistentes System mit mehreren didaktischen Bereichen
zum Zwecke der optimalen Vorbereitung, Verwirklichung und Evaluation von
Unterricht" (Frey, 1971, 50).

Das Wort Curriculum und die Vorstellungen, die sich mit ihm verbinden, sind
geeignet, vielfach Schrecken und Abwehr hervorzurufen. Jeder Lehrende weiß,
daß zahlreiche unkontrollierte, häufig unkontrollierbare Bedingungen beim

Unterrichten einwirken können. Hierzu gehören z. B. die Stimmung des Lehrers oder der Klasse, das Wetter, die Größe und der Zustand des Klassenraumes. Gerade genaue Angaben im Curriculum wirken daher auf die Schulpraktiker häufig wie ein schemahafter Zwang, der die eigene freiere Gestaltung des Unterrichts einengt oder unmöglich macht.

Alle, die mit dem Curriculum umgehen, Curriculumforscher, Curriculumentwickler und Curriculumpraktiker, sollten sich daher immer bewußt bleiben, daß Curriculum und Unterricht nicht dasselbe sind. Das Curriculum ist ein Unterrichtsplan, ist eine (im Sinne des Wortes) v o r - läufige Beschreibung des Unterrichts.

Obwohl das Curriculum praxisnah in mehreren Unterrichtsdurchgängen entwickelt wird (siehe 1. 7.), ist das Umsetzen des gedruckten Curriculum in Unterricht ein Prozeß, der nicht vorweggenommen werden kann. Dies zeigt eine Grenze jedes Curriculum und zugleich die Möglichkeiten, es als Hilfe und Instrument zur Gestaltung des Unterrichts zu benutzen (vergleiche 1. 8.).

Das Curriculum selbst ist nichts anderes als der Versuch, Unterricht systematisch aufgrund empirisch-wissenschaftlich gewonnener Ergebnisse zu planen und zu beschreiben.

1. 3. GRUNDLEGENDE FRAGEN BEI DER CURRICULUMENTWICKLUNG UND UNTERRICHTSVORBEREITUNG

Die Notwendigkeit, Unterricht und Curriculum zu unterscheiden, zeigt sich bereits ganz zu Anfang curricularer Überlegungen. Um überhaupt Unterricht planen und beschreiben zu können, müssen ja unter den auf ihn einwirkenden Bedingungen diejenigen ausgewählt werden, die für wichtig gehalten werden und also in die Beschreibung eingehen sollen. Schaefer (1971b) hat dabei in Erweiterung eines Ansatzes von Heimann (1962) und Franck (1969) neun für das Curriculum wichtige Fragengruppen unterschieden:

(1.) Adressatenfragen ("wer" wird unterrichtet?)
(2.) Zielfragen ("wozu" soll unterrichtet werden?)
(3.) Stoffragen ("was" soll unterrichtet werden?)
(4.) Methodenfragen ("wie" soll unterrichtet werden?)
(5.) Medienfragen ("womit" soll unterrichtet werden?)
(6.) Zeitfragen ("wann" und "wielange" soll unterrichtet werden?)
(7.) Milieufragen ("wo" wird unterrichtet?)
(8.) Personalfragen ("wer" unterrichtet?)
(9.) Evaluationsfragen ("wie" wird der Unterricht kontrolliert?)

Im Unterricht stehen die mit den Fragengruppen angesprochenen Bedingungen stets in einem engen Wechselverhältnis, so daß keine der Fragen für sich allein gültig beantwortet werden kann. Die Frage "Welche Unterrichtsmedien sollen wir im Curriculum verwenden: z. B. lebende Tiere, Stummfilme oder Tonfilme?" läßt sich z. B. nicht losgelöst von den Fragen nach Alter, Geschlecht und Vorbildung der Schüler, nach den Zielen des Unterrichts, nach Art des Lehrstoffes, nach der Unterrichtsmethode, zu Verfügung stehender Zeit und Lehrerpersönlichkeit behandeln. Die Fragengruppen bilden demgemäß ein durchgehend verknüpftes Beziehungsnetz: Das "didaktische System△" (Schaefer,1971 a, siehe Abbildung 1). In Abbildung 1 symbolisieren die Pfeile dabei die Wechselwirkungen zwischen den einzelnen Fragengruppen.

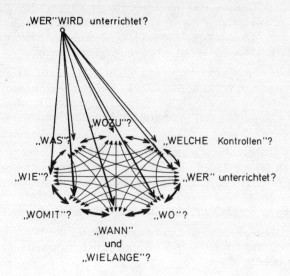

Abb. 1: Beziehungsnetz der für den Unterricht
wichtigen Fragengruppen, "didaktisches
System △ ", (nach Schaefer, 1971 a).

Im Schema der Abbildung 1 ist die Fragengruppe 1 (Adressatenfragen: Alter,
Geschlecht, physiologischer, kognitiver und affektiver Zustand des Schülers)
den anderen räumlich übergeordnet. Dies zeigt neben der Auswahl der Fragengruppen eine weitere Vorentscheidung an: Der Schüler gilt als gemeinsa-
mer Bezugspunkt aller weiteren Unterrichtsbedingungen.

Die Darstellung des Unterrichts durch ein didaktisches System solcher Art
kann nun selbst dem Forscher einen Schrecken vermitteln. Sie verdeutlicht
nämlich, daß der Forschungsgegenstand Unterricht auch dann noch ein äußerst
komplexes System ist, wenn der Forschungsansatz auf neun Fragengruppen
vereinfacht wird, wie es im System "△ " geschieht.

Leicht zugängliche Ergebnisse kann der Forscher hier nicht erwarten. Das
Schema soll aber dazu beitragen, daß Curriculumforscher und -entwickler
die Grenzen und einschränkenden Bedingungen bei all ihren Aussagen beach-
ten und ihre Ergebnisse nicht vorschnell verallgemeinern.

Das kann nun nicht bedeuten, daß die Curriculumforschung und -entwicklung
überhaupt ein aussichtsloses Unterfangen seien. Gerade wenn die Ergebnisse
einer Wissenschaft mit ihren Grenzen bedacht werden, können sie erfolg-
reich angewendet und in Praxis umgesetzt werden.

Die neun aufgeführten Fragengruppen und die aufgezeigte Komplexität der
Wechselwirkungen zwischen ihnen bezeichnen zunächst nur die f o r m a l e
Seite des Curriculum. Ebenso schwierig und komplex sind aber auch die i n -

10

haltlichen Aspekte. Hierbei sind vor allem die Fragengruppen 2 und 3 (Zielfragen, Stoffragen), aber auch alle übrigen betroffen. Im Curriculum muß nämlich angegeben werden, welche Norm- und Wertvorstellungen die Entscheidung über Auswahl und Anordnung von Curriculumelementen bestimmen.

1.4. DREI "FILTER" IM CURRICULUMPROZESS: SCHÜLER, GESELLSCHAFT UND WISSENSCHAFT

Eine Aufgabe der Curriculumforschung und -entwicklung ist es, die notwendigen Norm- und Wertentscheidungen möglichst weitgehend zu begründen und durch Angabe der Grundsätze durchsichtig zu machen.

Allgemein werden drei Bereiche unterschieden, in denen derartige Entscheidungen für den Unterricht fallen (vgl. Huhse, 1968). Die drei Bereiche dienen gleichsam als "Filter", mit denen für den Unterricht Wichtiges und Unwichtiges geschieden wird:

(1.) Bedürfnisse und Interessen des Schülers: Was möchte und was braucht der Schüler jetzt? ("Schülerrelevanz"),

(2.) Anforderungen in der Gesellschaft: Welche Qualifikationen braucht der Staatsbürger gegenwärtig und wahrscheinlich in absehbarer Zeit? ("Gesellschaftsrelevanz"),

(3.) Anforderungen der jeweiligen Bezugswissenschaften: Welches Wissen ist für den Schüler notwendig, damit wissenschaftliche Aussagen sachgemäß verstanden und angewendet werden können? ("Wissenschaftsrelevanz").

Die drei Bereiche werden auch als "Curriculumdeterminanten" und in Kombination miteinander als "Relevanzenfilter" bezeichnet. Die drei Filter und die ihnen zugeordneten Fragen beschreiben jedoch nur sehr grob Entscheidungs bereiche (Grobfilter); die einzelnen Entscheidungen in der Curriculumentwicklung verlangen jeweils weitere Informationen, die aus genauen Analysen der speziellen Unterrichtsbedingungen einfließen.

Schülerrelevanz
Der erste Bereich der Bedürfnisse und Interessen der Schüler umfaßt nicht nur die Erscheinungen, die als "Schülermotivation" bezeichnet werden. Mit einigem Recht wird nämlich behauptet, daß ein geschickter Lehrer seine Schüler für fast jedes Unterrichtsthema begeistern könne. Wäre dies ein Kriterium zur Auswahl und Anordnung von Curriculumelementen, so hätten Schülerbedürfnisse und -interessen überhaupt keinen oder nur einen sehr geringen Einfluß auf das Curriculum. Es kann auch nicht allein darum gehen, einen sonst bereits fest konzipierten Unterricht auf das jeweilige Alter und Verständnis der Schüler abzustimmen; Beurteilungsmaßstab muß hier vielmehr sein, was der Lernende zum Bewältigen seiner besonderen Situation als Schüler jeweils benötigt. Der Schüler lernt dann also nicht allein für seine Zukunft, für später, sondern kann den Unterricht direkt auf seine gegenwärtigen Probleme beziehen. Die Bedürfnisse und Interessen der Schüler, die aus ihrer jeweiligen speziellen Situation entspringen, sind allerdings viel zu wenig erforscht (wenn man von Fragen der Sexualität und des Sexualverhaltens einmal absieht). Gerade deshalb hat Curriculumforschung hier eine wichtige Aufgabe. Einige Teilbereiche sind sicher die eigene Rolle in der Familie, Lernsituationen und soziale Verhältnisse in der Schule, "philoso-

phische" Fragen zum Menschen- und Weltverständnis. In den Entscheidungsbereich "Schülerrelevanz" gehören auch Überlegungen, für die der Schüler
nur schwer zu motivieren ist, die ihm auch eigentlich fremd sind, die ihn
aber dennoch unmittelbar in seinen "objektiven" Interessen betreffen, wie
z. B. Fragen zur Gesundheitserziehung oder Informationen über seine Rechte als Jugendlicher.

Gesellschaftsrelevanz

Der zweite Entscheidungsbereich, der die Anforderungen in der Gesellschaft
betrifft, bedeutet insofern eine "Politisierung" des Unterrichts, als bewußt
gesellschaftspolitische Überlegungen die curricularen Entscheidungen mit
bestimmen. Ein Unterricht, der zu einem Verhalten in der Gesellschaft be-
fähigen soll, ist zwangsläufig immer politisch. In herkömmlichen Lehrplänen sind daher politische Entscheidungen - allerdings nicht selten verdeckt -
ebenfalls gefällt worden. Diese älteren Lehrpläne vertreten oft ein gesell-
schaftliches Verständnis, in dem Schule als Funktion der Gesellschaft unre-
flektiert bleibt und der eigentlich gesellschaftspolitische Charakter von Unterricht nicht bewußt wird.

Das bedeutet nicht, daß heute Forderungen oder Ansprüche wichtiger gesell-
schaftlicher Gruppen an den Unterricht einfach übernommen werden müßten.
Es geht nicht um Anforderungen d e r Gesellschaft oder einzelner Gruppen
an den Staatsbürger, sondern darum, daß dieser den verschiedenartigen Anforderungen i n der Gesellschaft gewachsen ist.

Um in diesem zweiten Bereich Entscheidungen für das Curriculum fällen zu
können, sind Angaben über das gewünschte Verhalten in bestimmten Lebenssituationen notwendig, sowie Kenntnisse über die Voraussetzungen (Qualifikationen), die ein solches Verhalten ermöglichen (vergleiche Robinsohn, 1969)

Wissenschaftsrelevanz

Der dritte Bereich umfaßt Probleme, die zumindest dem ausgebildeten Fach-
lehrer vertraut sind. Während herkömmlich davon ausgegangen wird, daß
Schulfächer die entsprechenden Bezugswissenschaften im Unterricht vertreten und in den wichtigen Aspekten abzubilden haben, steht dies hier gerade
in Frage. In den Bereichen 1 und 2 sind für den Unterricht auch andere Fragen als die der Bezugswissenschaften maßgebend. Die Überlegungen zu Interessen der Schüler und zu Anforderungen in der Gesellschaft machen indes
Entscheidungen nicht überflüssig, die sich aus den Bezugswissenschaften des
Unterrichts ableiten. Ja im Gegenteil: Es bleibt die Notwendigkeit bestehen,
zu den durch Schülerinteresse und gesellschaftliche Anforderungen ange-
schnittenen Problembereichen die Aussagen der jeweiligen Bezugswissenschaften im Unterricht einwandfrei zu vermitteln. Dies ist in einer zunehmend
von Wissenschaft geprägten Umwelt selbstverständlich. Dabei muß aber ge-
währleistet sein, daß die einzelnen Aussagen einer Wissenschaft nicht iso-
liert stehenbleiben, sondern vom Schüler sinnvoll aufeinander bezogen, verstanden und angewendet werden können.

An dieser Tatsache wird besonders deutlich, daß die drei Entscheidungsbereiche in einem engen W e c h s e l v e r h ä l t n i s zueinander stehen, das eine
einseitige Auswahl von Curriculumelementen verhindern kann.

So wird zum Beispiel durch den dritten Bereich (Wissenschaftsrelevanz) eine
einseitige politische Ideologisierung des Unterrichts und ein Abrutschen in
vorwissenschaftliche Aussagen auf wissenschaftlich bestimmten Gebieten ver-

mieden, während andererseits der erste und zweite Bereich verhindern, daß Unterricht die Bezugswissenschaften unkritisch, d.h. ohne Bezug auf Schülersituation und gesellschaftliche Wirklichkeit im "Elfenbeinturm" reproduziert. Hier gilt es zu verhindern, daß Unterricht "Wissenschaft" selbst als Ideologie vermittelt (vgl. Habermas, 1968).

Die angestellten allgemeinen Überlegungen gelten ganz besonders auch für das Schulfach Biologie, da hier biologisch-wissenschaftlich bestimmte Bereiche mit gesellschaftlich-politischen Bereichen eng verknüpft sind. Dies enthebt allerdings nicht von der Aufgabe, die Möglichkeiten einer solchen Verknüpfung im Biologieunterricht in jedem Einzelfall genau durchzuprüfen.

1.5. BIOLOGIE FÜR DEN UNTERRICHT - AUSWAHL UND STRUKTURIERUNG

1.5.1. Welche Art von Unterrichtszielen wird angestrebt ("wozu soll unterrichtet werden")?

Auch in älteren Lehrplänen hat es Angaben darüber gegeben, welche Ziele ein Unterricht erreichen sollte. Die Formulierungen waren jedoch fast immer zu allgemein, um Maßstäbe anzugeben, die erlaubt hätten, das Erreichen der Ziele zu überprüfen. Auch aus diesem Grunde stand in der Curriculumentwicklung lange Zeit die Forderung im Vordergrund, Lernziele müßten in jedem Falle so formuliert werden, daß ihr Erreichen objektiv überprüfbar sei. Mager (1969) stellte folgende Kennzeichen für sogenannte o p e r a t i o n a l i - s i e r t e L e r n z i e l e auf:

a) Beschreibung des (beobachtbaren) angestrebten Verhaltens des Schülers,
b) Bezeichnungen des Gegenstandes, an dem das Verhalten gezeigt werden soll,
c) notwendige Bedingungen zum Erfüllen des Verhaltens.

Diesen Kriterien entspricht z.B. das Lernziel: "Eine Nachweisreaktion für Zucker nennen können (rostroter Niederschlag nach dem Kochen mit Fehlingscher Lösung)".

Lernziele gelten im Sinne von Mager nur dann als operationalisiert, wenn ein beobachtbares und also meßbares Schülerverhalten angegeben wird. Nur vermutete oder subjektiv erschließbare Vorgänge wie "Erkennen" oder "Fühlen" erfüllen diese Kriterien nicht.

Die Vermutung liegt nahe, daß kognitive Lernziele einfacher Art, wie abfragbares Wissen, sich leichter operationalisieren lassen als Ziele aus dem emotionalen Bereich. Tatsächlich läßt sich nachweisen, daß durch die Operationalisierung emotionale, ethische und ästhetische Lernziele verloren gehen, vor allem also jene Ziele, die nur schwer beobachtbar bzw. meßbar sind. In einem Experiment wurden Lehrer für das Operationalisieren von Lernzielen (nach Mager) trainiert. Die aufgestellten operationalisierten Lernziele wurden mit den Lernzielen verglichen, die vor dem Training zu den gleichen Themenbereichen aufgestellt worden waren (siehe Tabelle 1). "Die Operationalisierung (nach Mager) hat die emotional-affektiven, die ethischen und die formalen Ziele stark reduziert"(Frey & Lattmann, 1971).

Tabelle 1

Häufigkeit von Lernzielinhalten (Frey & Lattmann, 1971)

Inhalte	Inhalte vor dem Training		Inhalte nach dem Training	
	Rohwerte	%	Rohwerte	%
Ethische Ziele	31	21, 1	7	4, 1
Pflanzenkunde	18	12, 2	70	41, 1
Allg. Pflanzenkunde	8	5, 4	47	27, 6
Einzelne Gattungen	10	6, 8	23	13, 5
Tierkunde	16	10, 9	56	33, 0
Allg. Tierkunde	7	4, 8	37	21, 8
Gattungen	9	6, 1	19	11, 2
Menschenkunde	9	6, 1	14	8, 2
Technik	9	6, 1	7	4, 1
Naturverständnis	12	8, 2	2	1, 2
Natur- u. Gewässer- schutz	9	6, 1	2	1, 2
Formale Ziele	21	14, 3	-	-
Fächerübergreifende Ziele	14	9, 6	9	5, 3
Ästhetische Ziele	4	2, 7	-	-
Andere	4	2, 7	3	1, 8
Summe	147	100, 0	170	100, 0

Nun kann zwar der Effekt durch andere Verfahrensweisen bei der Operationalisierung und gezieltes Trainieren der Lehrer gemildert werden, doch stößt dies auf prinzipielle Hindernisse: "Das MAGERsche Lernziel... ist statisch, d.h. es macht nur Aussagen über das Endverhalten, nicht aber über den Prozeß bzw. die Methode, die ein Endverhalten ermöglicht. Das MAGERsche Lernziel gibt keine Informationen über eine zu entwickelnde Disposition" (Eigenmann & Strittmatter, 1972). Diese Aussagen gelten sinngemäß für jede Operationalisierung von Lernzielen, die sich an der Beschreibung von (beobachtbaren) Schülerendverhalten orientiert.

Eine wesentliche Kritik an dem Ansatz von Mager besteht darin, daß die so operationalisierten Lernziele wenig über den Unterricht selbst aussagen, der zu dem beobachtbaren Schülerverhalten führen soll.

Die Curriculumeinheiten der IPN-Einheitenbank sind lernzielorientiert. Die Auswahl und Anordnung der anderen Curriculumelemente wird bestimmt durch die Auswahl der Lernziele, die für das Curriculum formuliert werden (instrumenteller Lernzielansatz, Frey, 1972). Bei diesem Ansatz kann die Überprüfbarkeit der Lernziele nicht alleiniger Maßstab für die Formulierung von Lernzielen sein. Das Experiment von Frey und Lattmann zeigt nämlich, daß anderenfalls die reinen Wissenslernziele den Unterricht übermäßig bestimmen würden. Zur Auswahl der Lernziele müssen also andere Beurteilungsmaßstäbe als die der Überprüfbarkeit hinzutreten.

Bei der lernzielorientierten Curriculumentwicklung gibt es zahlreiche Ansätze, die Ziele nach verschiedenen Prinzipien zu ordnen und damit zu "Taxonomien", Ordnungsschemata, zu gelangen (vergleiche besonders Frey, 1970).

Da es jedoch eine allgemeine und breit anerkannte, für alle Lernzielbereiche überzeugende Taxonomie von Lernzielen nicht gibt, wurde für die IPN-Einheitenbank Curriculum Biologie beschlossen, verschiedene Taxonomien auf einer etwas einfacheren Stufe zu kombinieren (s. Schaefer, 1973). Auf diese Weise entstanden nach Diskussionen auf internationalen und regionalen Tagungen die Lernzielkataloge allgemeiner (nicht fachgebundener) Fertigkeiten und Einstellungen, die Intentionen angeben, die der geplante Unterricht haben soll (vgl. Schaefer, 1971 b):

Allgemeine Fertigkeiten

auf der rein kognitiven Ebene (mit steigender Komplexität):
B   Beobachten können (ohne Deutung registrieren)
A   Abstrahieren können (Superzeichenbildung)
T   Transfer vollziehen können (Übertragung abstrahierter Strukturen auf neue Sachverhalte)
S   Systematisieren können (ordnen, klassifizieren)
L   Logisch schließen können
F   Form und Funktion verknüpfen können
P   Problem lösen können (1. Problem erkennen; 2. Lösungshypothese aufstellen; 3. Konsequenzen aus der Hypothese deduzieren; 4. Wege zur empirischen Kontrolle der Konsequenzen finden; 5. Prüfung der Hypothese anhand der Konsequenzen)

auf der gemischt-pragmatischen Ebene:
D   Diagramme anfertigen und lesen können
J   Informationen beschaffen können ("wissen, wo")
R   Situationen rasch bewältigen können (umschließt B bis P einschließlich des Zeitfaktors)
U   Umweltbezug herstellen können (Einordnung des Wissens und Könnens in den Gesamtzusammenhang des täglichen Lebens)
V   Verbalisieren können (sich sprachlich sachgemäß ausdrücken)
M   Manuell operieren können (handwerkliche und künstlerische Techniken)

Allgemeine Einstellungen:
a   Aktivität (Bereitschaft zur Mitarbeit)
e   Entscheidungsfreudigkeit (Mut zum Setzen von Prioritäten und Wertungen)
g   Positive Einstellung zum Leben in der Gemeinschaft (Kommunikations- und Kooperationsbereitschaft, Toleranz gegen Andersdenkende)
k   Aufgeschlossenheit für die Belange des eigenen Körpers (Bereitschaft zur Anwendung von Kenntnissen auf Körperhaltung und Körperpflege)
l   Bereitschaft zum ständigen Lernen und Umlernen
o   Offenheit zum sinnlichen Erleben (Ausgleich für die einseitig rationale Beanspruchung des Menschen in der technisierten Welt)
s   Bereitschaft zur Selbstkritik (Einsicht in die eigene Unzulänglichkeit; Bereitschaft, eigene Fehler und Irrtümer zu korrigieren)

Die Kataloge der allgemeinen Fertigkeiten und der allgemeinen Einstellungen können zwar den fachbezogenen Unterricht mitgestalten, es lassen sich aus ihnen aber keine fachspezifischen Ziele logisch ableiten. Dazu fehlen unter anderem Informationen über die wichtigen Inhalte der Bezugswissenschaften (zur Unmöglichkeit der Deduktion spezieller Lernziele aus allgemeinen Zielen s. Blankertz, 1969; Schaefer, 1973).

Wie bereits erwähnt, lassen sich die fachspezifischen Lernziele leichter operationalisieren als allgemeine Einstellungen und Fertigkeiten. In den Unterrichtseinheiten sind die fachbezogenen Ziele der MAGERschen Lernzielform zumindest angenähert und die jeweiligen Tests auf diese Ziele bezogen (siehe 1. 6.).

Um die instrumentelle Funktion auch der fachbezogenen Lernziele noch deutlicher zu machen, sowie den Zusammenhang und den Stellenwert der einzelnen Lernziele in der gesamten Unterrichtsstruktur aufzuzeigen, wurden für einzelne Unterrichtseinheiten systematische Lernzielhierarchien angefertigt, die außer den fachlichen zum Teil auch emotionale und soziale Aspekte umfassen (siehe die Unterrichtseinheiten "Biologisches Gleichgewicht", "DER Mensch und DIE Tiere"). Bei der Unterrichtseinheit "Sexualität des Menschen" soll ein Lernzielkatalog, in dem das allgemeine Einstellungsziel "k" ("Offenheit für die Belange des eigenen Körpers") für den Bereich der Sexualität systematisch aufgeschlüsselt wird, die fachbezogenen Lernziele ausführlicher interpretieren (siehe Kattmann, 1972).

Die Auswahl der Lernziele ist nicht zu trennen von der Auswahl der Unterrichtsinhalte.

1. 5. 2. Welche Unterrichtsinhalte werden ausgewählt ("was soll unterrichtet werden")?

Bei den oben erläuterten drei Entscheidungsbereichen "Bedürfnisse und Interessen der Schüler", "Anforderungen in der Gesellschaft" und "Anforderungen der Wissenschaft" ist insbesondere das Verhältnis der wissenschaftlichen Aussagen zu den gesellschaftlich bestimmten Anforderungen problematisch.

Es wird daher in einigen Curriculumansätzen versucht, das Verhältnis beider Bereiche für den Biologieunterricht durch einen Bezugsrahmen näher zu bestimmen. Auf die drei Entscheidungsbereiche bezogene Begründungszusammenhänge gibt bereits der Rahmenplan des Verbandes Deutscher Biologen (VDB) (1973). Näher bestimmt wird das Verhältnis der Bereiche "Wissenschaft" und "Gesellschaft" z. B. bei den hessischen Rahmenrichtlinien für Sekundarstufe I (1972) durch drei Bereiche: "Umwelt", "Mensch" und "Gesellschaft"; bei Ewers (1973) durch ein fachdidaktisches Strukturgitter, bei dem in Form eines zweidimensionalen Diagramms eine "fachwissenschaftliche Struktur Biologie" auf gesellschaftliche Ansprüche an das Unterrichtsfach abgebildet wird. Schließlich versucht Kattmann (1974), stärker von fachinhaltlichen Überlegungen ausgehend, das Verhältnis zwischen gesellschaftlich bestimmten Bereichen und biologisch bestimmten Bereichen durch "anthropologische Fragen" zu umreißen.

Beiträge hierzu lieferten auch die Symposien des IPN z. B. zum "Integrierten Curriculum Naturwissenschaft" (s. Frey & Häußler, 1973).

Die Versuche, Biologieunterricht neu zu konzipieren und zu strukturieren,

sind keineswegs abgeschlossen und abgeklärt. In dieser Situation sollen die
Unterrichtseinheiten der IPN-Einheitenbank Curriculum Biologie vielseitig
und flexibel eingesetzt werden können (siehe 1.).

Eine Festlegung unserer Unterrichtseinheiten auf eine eindimensionale Stoff-
sequenz ("Lehrplan") ist daher von uns nicht vorgenommen worden.

Überlegungen zu den drei Entscheidungsbereichen (s. 1.4.) ergeben inhaltlich zwei Schwerpunkte für die gesamte Einheitenbank:

(1.) Der Mensch ist zentraler Bezugspunkt für den Biologieunterricht.
Das Selbstverständnis des Menschen, das Verständnis seiner Umwelt, sowie
sein Handeln im Hinblick auf sich selbst und seine physische und soziale Umwelt stehen im Vordergrund des Interesses.

Diesem Grundsatz entsprechend werden in der Einheitenbank Themen der
"Menschenkunde", die früher auf der neunten oder zehnten Klassenstufe behandelt wurden, unter neueren didaktischen Gesichtspunkten (wie z.B. funktionelle Anatomie, Gesundheitserziehung, naturwissenschaftliche Methoden)
auf die fünfte und sechste Klassenstufe übertragen (siehe Dylla, 1972). Dem
entsprechen Unterrichtseinheiten wie "Bewegung unseres Körpers", "Nahrung und Verdauung", "Atmung und Blutkreislauf", "Sexualität des Menschen".

Der anthropologische Aspekt erschließt außerdem für den Biologieunterricht
neuartige Inhalte, wie die Eigenart des Menschen (Vergleich des Menschen
mit Tieren) und die Rassenfrage (siehe die Unterrichtseinheit "DER Mensch
und DIE Tiere").

Schließlich erhalten durch die Fragen nach der Umwelt des Menschen ökologische Themen einen besonderen Stellenwert (vergleiche die Unterrichtseinheiten "Biologisches Gleichgewicht", "Blätter und Verdunstung", Umfärbung und Laubfall", "Überwinterung").

(2.) In den Unterrichtseinheiten werden vorzugsweise in-
tegrative oder koordinative Aspekte verfolgt.
Mit der Neubestimmung von Lernzielen und Lehrinhalten in der Curriculum-
entwicklung werden zugleich der bestehende Fächerkanon und die Abgrenzung
der traditionellen Schulfächer neu durchdacht.

Dabei bleiben im Fall der Koordination die Fachgrenzen durchgehend gewahrt,
wobei die Unterrichtsstoffe und Begriffe eng aufeinander bezogen und ab-
gestimmt sind.

Von Integration sprechen wir dagegen, wenn die Fachgrenzen unter über-
geordneten Prinzipien vorübergehend aufgehoben sind. Die enge Orientierung
an einer sogenannten Fachwissenschaft wird hier also abgelöst. Eine all-
gemeinere Definition haben Frey et. al (1973) versucht: "Ein integriertes
Curriculum Naturwissenschaft ist ein Lehrgefüge, das Informationen aus
oder zu naturwissenschaftlichen Disziplinen behandelt, die aufgrund eines
didaktischen Konzeptes (mit verschiedenen Elementen) umstrukturiert und
in Hinsicht auf gemeinsame Bildungsabsichten funktionalisiert sind." Hierfür
gibt es unterschiedliche Konzepte:

(a.) Phänomenorientierte Integration:
Behandlung fächerübergreifender phänomenologisch umschriebener Objekte wie Wasser, Luft, Mensch, Nahrung oder Vorgänge wie Bewegung, Überwinterung.

(b.) Begriffsorientierte Integration:
Behandlung fächerübergreifender wissenschaftlich definierter Begriffe wie Energie, Stoff, Interaktion, Baustein, Information, Bewegung.

(c.) Methodenorientierte Integration:
Behandlung fächerübergreifender wissenschaftlich definierter Methoden wie Beobachten; planvolles Experimentieren; kausale, mathematische oder kybernetische Beschreibung.

(d.) Tätigkeitsorientierte Integration:
Einüben fächerübergreifender, für den Wissenschaftler wichtiger Tätigkeiten wie arbeitsteiliges Teamwork, Austausch und Diskussion von Thesen und Ergebnissen, Projektplanung.

(e.) Problemorientierte Integration:
Behandlung von gesellschaftlich bestimmten Problemen oder Verhaltensweisen, wie Fragen der Arbeitswelt, Technik, Produktion, Umweltplanung, Freizeit, Sexualität, sozialer Minderheiten (eine detaillierte Übersicht über Integrationsansätze gibt Häußler, 1973).

Es wird hier davon ausgegangen, daß der Unterricht nicht durchgehend integriert wird, sondern daß Integration nur streckenweise geschieht. Demgemäß sind die Unterrichtseinheiten nur teilweise und in verschiedenem Ausmaß integriert angelegt.

Biologie hat im Gesamtsystem der Wissenschaften einen Platz, der eine enge Koordination bzw. Integration mit anderen Fächern wie Chemie, Physik, Mathematik, Geologie, Geographie, Psychologie, Soziologie und Philosophie (Wissenschaftstheorie) geradezu herausfordert.

Integration bedeutet für das Biologiecurriculum aber auch, daß die einzelnen Teilgebiete der Biologie, die bisher im Unterricht häufig getrennt aufeinander folgten (z. B. Morphologie, Physiologie, Verhaltensforschung), schon in den unteren Klassenstufen gleichzeitig und gemeinsam vermittelt werden ("innerfachliche Integration"; siehe z. B. die Unterrichtseinheiten "Bewegung unseres Körpers" und "Überwinterung" als Beispiele phänomenorientierter innerfachlicher Integration). Biologie kann so schon in der frühen Sekundarstufe I all die Kennzeichen von Lebewesen wenigstens phänomenologisch darbieten, die für das Verständnis des Lebendigen bedeutsam sind.

Gemäß den hier zugrunde gelegten allgemein biologischen Problemstellungen finden sich unter den Themen der Unterrichtseinheiten keine Monographien einzelner Tiere oder Pflanzen. In den Unterrichtseinheiten sind allerdings durchaus monographische Teile enthalten, die ein genaues Studium einzelner Organismen innerhalb der jeweiligen Fragestellungen erlauben.

Neben der innerfachlichen Integration steht die Integration des Schulfaches Biologie mit anderen, benachbarten Schulfächern im Vordergrund des Interesses.

Bei den Einheiten der Einheitenbank Curriculum Biologie wird versucht, die verschiedenen Möglichkeiten der Integration (a, b, c, d, e) zu kombinieren. Auch die Wissenschaftsbereiche, die integriert werden, werden variiert. So werden in den Unterrichtseinheiten zum Sammelthema "Fortbewegung bei Lebewesen und Maschinen" die naturwissenschaftlichen Bereiche Biologie und Physik/Technik vorwiegend um den Begriff "Fortbewegung" integriert, während z.B. bei der Unterrichtseinheit "DER Mensch und DIE Tiere" die Biologie mit sozialwissenschaftlich bestimmten Bereichen um das Phänomen "Mensch" integriert wird. Ein weiterer vorrangig verfolgter Ansatz ist die methodenorientierte Integration biologischer und anderer naturwissenschaftlich bestimmter Bereiche durch kybernetische Strukturierung; hierzu schafft die Unterrichtseinheit "Biologisches Gleichgewicht" die ersten Voraussetzungen.

1.5.3. Wie wird der Unterricht organisiert ("wer unterrichtet wen, wie, womit, wo, wann und wielange")?

Die Einheiten zum Curriculum Biologie des IPN sind so konzipiert worden, daß sie in der herkömmlichen Unterrichtsorganisation unserer allgemeinbildenden Schulen ohne größere Schwierigkeiten eingesetzt werden können sollen. Ihre Entwicklung und Erprobung erfolgte gleichermaßen für Gesamt-, Haupt-, Realschulen und Gymnasien in der Sekundarstufe I.

Dies bedeutet in der gegenwärtigen Situation, daß die Curriculumeinheiten von Lehrern verwendet werden, die recht unterschiedlich ausgebildet worden sind. Die ausformulierten, operationalisiert geplanten Stundenverläufe in den Unterrichtseinheiten sollen helfen, unterschiedliche pädagogische und fachwissenschaftliche Voraussetzungen bei den Lehrern auszugleichen bzw. so zu berücksichtigen, daß jeder Lehrer die für ihn nötigen Informationen entnehmen kann. Das ist besonders dann wichtig, wenn die Unterrichtseinheiten über die Fachgrenzen der Biologie hinausgehen oder wenn neuartige Themen und Methoden vermittelt werden sollen. Das Curriculum wird hier zum Werkzeug in der Hand des Lehrers (siehe 1.8.).

Da das Erreichen der angegebenen Lernziele für alle Schüler gleichermaßen angestrebt wird, gibt es keine unterschiedlichen Ausgaben der Unterrichtseinheiten für die Schüler der verschiedenen Schultypen. Die Erprobungen zeigen, daß Schüler aller Schularten die Lernziele erreichen können; jedoch unterscheidet sich die dafür aufgewendete Unterrichtsdauer von Klasse zu Klasse und Schule zu Schule erheblich (siehe unten).

Gleichermaßen ist auch die Auswahl der Unterrichtsformen (Lehrmethoden) und Unterrichtsmedien für alle Schultypen dieselbe.

Bei der Auswahl der Unterrichtsformen wurde besonders auf die A k t i v i - t ä t d e r S c h ü l e r Wert gelegt; wenn irgend möglich, wird ein S c h ü l e r - g e s p r ä c h bzw. s e l b s t ä n d i g e s E x p e r i m e n t i e r e n der Schüler angestrebt. Es wird im Stundenverlauf besonders darauf geachtet, daß ein mehrfacher Wechsel der Unterrichtsformen den Unterricht belebt (Schülergespräch, Lehrervortrag, Schülerexperiment, anweisender Unterricht).

Ein immer wiederkehrendes Element ist das Bearbeiten der Arbeitsbögen, bei dem die Schüler einzelne Probleme erarbeiten oder aber den Stoff der Stunde zumeist in Stillarbeit immanent wiederholen und für sich festigen.

Experimente und andere Medien werden lernzielorientiert eingesetzt. Bei den

Medien ist deshalb nicht die "Naturnähe" (lebendes Tier, Präparat, Film, Dia) primäres Kriterium, sondern die Nähe zum angestrebten Lernziel. Diese Lernzielorientierung erforderte, daß bei einigen Unterrichtseinheiten außer den Arbeitsbögen neue, genau auf die jeweiligen Lernziele abgestimmte Medien vom IPN entwickelt werden mußten (Diareihen, Filme, Funktionsmodelle).

Das Abstimmen der Unterrichtseinheiten auf die herkömmliche Schulorganisation bedeutete auch ein Festhalten an der Unterrichtsstunde von 45 Minuten. Genauere Zeitangaben für Unterrichtsabschnitte erwiesen sich bei dem unterschiedlichen Lerntempo verschiedener Klassen als unbrauchbar, so daß sie weggelassen wurden. Innerhalb einer Unterrichtsstunde kann der Lehrer unterschiedliche Lerngeschwindigkeiten durch Einschieben oder Auslassen einzelner gekennzeichneter Abschnitte ausgleichen. Gegebenenfalls können weitere Unterrichtsstunden zur Vertiefung eingeschoben werden.

Nach unseren Erfahrungen sollte aber eine Unterrichtseinheit die Dauer von etwa 10 bis 15 Stunden nicht überschreiten, da sonst die Aufmerksamkeit der Schüler leicht nachläßt und ihnen die Zusammenhänge in der Unterrichtseinheit nicht mehr deutlich werden.

Diese Erfahrung stützt das Konzept der Einheitenbank, nach dem der Unterricht in thematisch eingegrenzte, selbständige Abschnitte aufgegliedert wird, die auch für den Schüler überschaubar bleiben.

1.6. TESTGEGENSTAND UNTERRICHT ("WIE WIRD DER UNTERRICHT KONTROLLIERT?")

Zum Curriculum gehört auch die Kontrolle seiner Verwirklichung. Tests sind daher fester Bestandteil der IPN-Unterrichtseinheiten.

Den Lehrer interessieren Tests vorwiegend zur Leistungsbeurteilung und Benotung der einzelnen Schüler. Bei der Entwicklung der Unterrichtseinheiten dienen Tests hingegen vor allem dazu, den Unterricht selbst daraufhin zu prüfen, ob die angestrebten Lernziele erreicht werden. Die Tests sind also lernzielorientiert, d.h. die einzelnen Testfragen (Items) sollen abfragen, was die zugeordneten Lernziele angeben. Die Tests überprüfen lediglich, ob die Unterrichtseinheiten in sich stimmig und praktisch durchführbar sind (systemimmanente Evaluation). Sie geben aber keinen Aufschluß darüber, ob die Auswahl der Lernziele in einem umfassenderen bildungspolitischen Rahmen berechtigt ist.

Bevor der Entwurf einer Unterrichtseinheit zum ersten Mal von Lehrern im Unterricht erprobt wird, wird in diesen Klassen ein Vortest durchgeführt. Dieser soll Antwort auf folgende Fragen geben:

(1.) Welche Vorkenntnisse haben die Schüler zum Thema der anschließenden Unterrichtseinheit; besitzen die Schüler spezielle Fähigkeiten oder Fertigkeiten bereits vor dem Unterricht, die für den anschließenden Unterricht wichtig sind?

(2.) Sind diese Vorkenntnisse in allen Schülergruppen gleichmäßig vorhanden, oder gibt es systematische Unterschiede zwischen den verschiedenen Gruppen (Mädchen-Jungen; Hauptschule-Realschule-Gymnasium-Gesamtschule)?

Ein weiterer Test wird dann nach Abschluß des Unterrichts durchgeführt. Da dieser N a c h t e s t teilweise die gleichen Aufgaben enthält wie der Vortest, können durch Vergleich der Ergebnisse des Vor- und Nachtests und z.T. aufgrund von Aufgaben des Nachtests allein folgende Fragen beantwortet werden:

(1.) Welchen mittleren Unterrichtserfolg zeigen die Tests nach Durchführung der Unterrichtseinheit an

(a) bezüglich bestimmter Aufgaben bzw. Aufgabengruppen und den in ihnen enthaltenen Lernzielen,

(b) bezüglich bestimmter Schüler bzw. Schülergruppen?

(2.) Welche Verhaltensweisen wurden nicht der Erwartung entsprechend gefördert und sollten im anschließenden Unterricht stärker berücksichtigt werden?

(3.) Welche Lernziele sollten vom Lehrer bei einer Wiederholung der Unterrichtseinheit in einer anderen Klasse stärker betont werden?

(4.) Welche Urteile können über die einzelnen Schüler bzgl. bestimmter Verhaltensweisen oder Gruppen von Verhaltensweisen abgegeben werden?

Die Punkte 2 und 3 weisen darauf hin, daß die Ergebnisse der Tests die Überarbeitung des Unterrichtsentwurfs beeinflussen.

Dabei muß aber geprüft werden, ob etwa die Tests selbst mangelhaft konzipiert und daher zu ändern sind. Im Einzelfall ist oft schwer zu entscheiden, ob ein negatives Testergebnis auf falscher Lernzielformulierung, falscher Formulierung der Unterrichtsoperation oder falscher Formulierung der Testaufgabe beruht.

Die Beurteilung des einzelnen Schülers ist hier nur e i n Aspekt der Testauswertung. Die Testergebnisse sollten daher nicht allein und unvermittelt zur Schülerbenotung herangezogen werden (s. 1.8.). Da die Lernziele in den allermeisten Fällen nicht für die Schule, sondern für die außerschulische Umwelt gedacht und formuliert sind, kann die Überprüfung des Lernerfolges mit "Papier- und Bleistift-Tests" nur ein Ersatz für die Überprüfung des Verhaltens in der außerschulischen Umwelt darstellen. Auch aus diesem Grund darf sich die Schülerbeurteilung nicht allein auf die Testergebnisse stützen.

Wie schon betont, lassen sich fachbezogene Lernziele besonders leicht operationalisieren und daher auch leicht abtesten. Schwieriger ist dies bei Lernzielen, die sich auf Fertigkeiten und Einstellungen beziehen. In einigen Begleituntersuchungen wurde daher dieses Problem besonders angegangen (vergleiche Kattmann, 1973; s. Unterrichtseinheiten "DER Mensch und DIE Tiere" und "Sexualität des Menschen").

1.7. VOM PLAN ZUM UNTERRICHT - DIE ENTWICKLUNG DER EINHEITEN

Die Unterrichtseinheiten des IPN entstehen nicht am "grünen Tisch". Sie werden in einem Verfahren entwickelt, in dem die Entwürfe und die Unterrichtspraxis wechselseitig und schrittweise einander angenähert werden (s. Abb. 2).

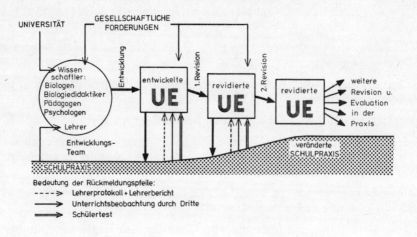

Abb. 2: Entwicklung der Unterrichtseinheiten,
wechselseitige Annäherung von Unterrichtseinheiten (UE) und Unterrichtspraxis (nach Schaefer, 1971 b).

Der erste Entwurf einer Unterrichtseinheit wird zunächst von einer engeren
Gruppe von Lehrern und Wissenschaftlern (Biologen, Biologiedidaktikern,
Pädagogen und Psychologen) erarbeitet. Kennzeichnend für die Curriculum-
Entwicklung im IPN ist dann die schrittweise Erprobung der Unterrichtseinheiten in mehreren Durchgängen in Schulklassen von Gesamt-, Haupt-, Real-
schule und Gymnasium. Während des gesamten Entwicklungs- und Erprobungs-
prozesses werden die Teile des Curriculum (Ziele, Unterrichtsoperationen,
Schülerarbeitsbögen, Experimente, Tests) in Arbeitskreisen intensiv diskutiert, denen neben Fachdidaktikern und Psychologen des IPN jeweils die unterrichtenden Lehrer angehören. Die Rückmeldungen aus dem Unterricht bestehen dann aus:

(1.) den mündlichen Berichten der mitarbeitenden Lehrer,

(2.) den schriftlichen Protokollen der Lehrer für jede Unterrichtsstunde,

(3.) den Nachtests,

(4.) der Unterrichtsbeobachtung, die in Stichproben durch weitere IPN-Mit-
arbeiter durchgeführt wird.

Seit den ersten Vorerprobungen in den Jahren 1968 bis 1971, die z.T. in der
Projektaußenstelle Fulda von K. Dylla begonnen wurden, und den anschließenden Erprobungen bis zum jetzigen redaktionellen Abschluß sind insgesamt

bei jeder Einheit etwa 3 bis 5 Jahre verstrichen. Die Erprobungen erfolgten in Fulda (Hessen), in Hamburg, in Dortmund und Kamen (Nordrhein-Westfalen) sowie in Kiel und Neumünster (Schleswig-Holstein). Während der Erprobungen wurden bereits vorläufige Fassungen der Unterrichtseinheiten in großer Zahl von einzelnen Lehrern, Curriculum-Planungsgruppen, Lehrplankommissionen, Lehrbuchautoren und Fachdidaktikern der Pädagogischen Hochschulen und Universitäten angefordert, diskutiert, überarbeitet und z. T. in eigenen Entwürfen weitergeführt (vgl. Habrock, 1973; Hirt, 1973; Hübner, 1973; Mizgalski, 1973; Petry, 1971; Schoof, 1972).

Damit haben die Unterrichtseinheiten schon vor ihrer jetzigen Veröffentlichung zahlreiche Arbeiten zur Neugestaltung des Biologieunterrichts angeregt und gefördert (vgl. Rahmenplan des VDB, 1973; Rahmenrichtlinien des Landes Hessen, 1973; Rahmenlehrpläne Gesamtschulen Nordrhein-Westfalen, 1972).

Der vergleichsweise hohe Aufwand, mit dem diese Unterrichtseinheiten entwickelt werden, dient dem empirischen Nachweis, daß sie in ihrer Endfassung von einer Lehrer-Klassen-Situation auf eine andere übertragbar sind und daß sie dem Biologieunterricht Impulse geben können, die ihn bereichern und verbessern.

Dies geschieht auch dann, wenn eine Unterrichtseinheit nicht einfach übernommen wird, sondern als A n r e g u n g dient, den Unterricht selbst neu zu gestalten. Indem dem Lehrer ermöglicht wird, diese Impulse aufzunehmen, leisten die Unterrichtseinheiten einen Beitrag zu einer zeitgemäßen Reform des Biologieunterrichts.

Diesem und ähnlichen Arbeitsansätzen ist vorgeworfen worden, daß sie bereits v o r einer wissenschaftlich legitimierten Bildungsreform Teilbereiche ohne theoretische Grundlage verwirklichen wollten (Knab, 1971). Dieser Vorwurf träfe zu, wenn es nur darum ginge, einen Forschungsansatz zu verwirklichen, der die gegenwärtigen Zwänge der Schulpraxis nicht zu berücksichtigen braucht und für den die Z e i t, in der die Reformen zu verwirklichen sind, keine Rolle spielt. Bei der IPN Curriculum-Entwicklung ging es indes gerade darum, neben einigen Forschungsansätzen (Überprüfung fachdidaktischer Hypothesen) u n m i t t e l b a r e H i l f e f ü r d i e U n t e r r i c h t s - p r a x i s zu geben.

Zeit spielt dabei eine wesentliche Rolle, da die Schulen bei den starken Veränderungen in unserem Bildungssystem (Orientierungsstufen, Gesamtschulen, Studienstufe) nicht warten können, bis ihnen langfristige Forschung nach v i e l e n Jahren m ö g l i c h e r w e i s e eine Hilfe anbietet (vgl. dazu die Stellungnahme eines Schulpraktikers: Fulda, 1971). Die jetzt vorliegenden Ergebnisse der IPN-Curriculum-Entwicklung entsprechen daher vor allem zwei Forderungen: sie sollen erstens sachlich richtig sein; sie sollen zweitens so bald wie möglich der Öffentlichkeit zur Verfügung stehen und in der Schulpraxis direkt anwendbar sein.

1.8. DAS CURRICULUM ALS WERKZEUG: ZUM GEBRAUCH VON LEHRERHEFTEN, ARBEITSBÖGEN UND TESTHEFTEN

1.8.1. Mit dem Lehrerheft wird der Unterricht geplant und vorbereitet

Die Lehrerhefte sollen dem Unterrichtenden alle Informationen geben, die er braucht, um den Unterricht vorzubereiten, durchzuführen oder auch neu zu planen. Jedes Lehrerheft gliedert sich in die Abschnitte:

Didaktische Vorüberlegungen
Evaluation
Anmerkungen zum Unterrichtsverlauf
Stundenentwürfe
Liste der benötigten Unterrichtsmedien
Abkürzungen für allgemeine Lernziele und Unterrichtsmethoden
Literaturhinweise

Bei der Planung des Unterrichts dienen vor allem die didaktischen Vorüberlegungen zur Reflexion über die ausgewählten Inhalte und Ziele. Zugleich geben sie einen Überblick über die Problematik des jeweiligen Themas. Zum vertieften Einarbeiten in einen Bereich geben die Literaturhinweise die wichtigsten weiterführenden Quellen an.

Die Anmerkungen zum Unterrichtsverlauf weisen auf die Möglichkeiten hin, die Abfolge und Auswahl der Inhalte zu variieren. Sie geben alternative Stundenabfolgen an. Häufig werden Stundenblöcke genannt, die in der Reihenfolge getauscht oder auch unabhängig voneinander unterrichtet werden können.

Die mit einem "+" gekennzeichneten Teile der Unterrichtseinheiten sind fakultativ. Fakultative Teile können je nach Lerntempo der Klasse während der jeweiligen Stunde eingeschoben oder weggelassen werden.

Es werden außerdem Hinweise zur Vertiefung gegeben, die allerdings nur dann verfolgt werden können, wenn zusätzliche Unterrichtszeit zur Verfügung steht.

Für die Unterrichtsvorbereitung sind die Stundenentwürfe so angeordnet, daß

I   Unterrichtsziele
II   Unterrichtsmedien
III Unterrichtsverlauf

auf einer Doppelseite gedruckt sind und also gemeinsam ohne Umblättern eingesehen werden können.

Wichtig für das Verständnis des geplanten Unterrichts ist die bei allen Unterrichtseinheiten gleiche Aufteilung der Tabelle des Unterrichtsverlaufes:

Ziele	Operationen	Medien	Methoden

Die Ziele sind den Operationen des Unterrichts bewußt vorgeordnet (vgl. 1.5.1.). Der Lehrer soll sich auf diese Weise beim Unterrichten der Ziele bewußt bleiben und anhand der "Zielspalte" den Gang und den Erfolg des Unterrichts reflektieren können.

Die fachbezogenen Lernziele werden dabei sowohl unter "I Unter-

24

richtsziele" wie auch in der Zielspalte der Tabelle mit Hilfe der Dezimal-klassifikation gekennzeichnet: "5.3." bedeutet: 3. Unterrichtsziel der 5. Stunde. Diese Kennzeichnung und Anordnung ermöglicht das schnelle Auffinden einzelner Ziele.

Die allgemeinen Lernziele werden in der Zielspalte mit Großbuchstaben (für Fertigkeiten) und mit Kleinbuchstaben (für Einstellungen) angegeben (s. Abkürzungsverzeichnis, 2.6.).

Die Operationen geben möglichst genau die geplanten Tätigkeiten von Lehrer und Schüler an. Dennoch sind die einzelnen Formulierungen (z.B. von Impulsfragen und methodischem Vorgehen) jeweils nur Vorschläge, die der Unterrichtende nicht unbesehen oder schematisch übernehmen sollte.

Die Spalten "Medien" und "Methoden" sind weitere Hilfen, den Ablauf des Unterrichts übersichtlich zu gestalten. Die Medienspalte zeigt dem Lehrer den Ort des jeweiligen Medieneinsatzes an, die Methodenspalte den Wechsel der Unterrichtsform (zu den Abkürzungen s. 2.6. und 2.7.).

Der doppelseitigen Übersicht über den Stundenentwurf folgen regelmäßig die für diese Stunde vorgesehenen Arbeitsbögen. Sie tragen die Nummer der Seitenzahl des Arbeitsbogenheftes. Die Arbeitsbögen enthalten im Lehrer-heft die vorgesehenen Eintragungen der Schüler, damit der Lehrer sich über die richtige Ausfüllung der Arbeitsbögen informieren kann.

Auf die Arbeitsbögen können weitere Materialien folgen, z.B. im Unterricht zu verwendende Texte oder Lehrerinformationen, die zu besonderen Problemen der Stunde Auskunft geben.

1.8.2. Die Arbeitsbögen helfen dem Schüler

Zu jeder Unterrichtseinheit gehört ein Heft (Din A 4) von Arbeitsbögen, das für die Hand des Schülers bestimmt ist. Die Arbeitsbögen enthalten nach dem Ausfüllen all die Informationen aus dem Unterricht, die für den Schüler besonders wichtig sind. Die Schüler sollten also zu sorgfältigem Bearbeiten der Bögen angeleitet werden, damit sie in ihren Heften das Gelernte nachschlagen oder wiederholen können. Bei einzelnen Arbeitsbögen eignet sich das Bearbeiten auch als Hausaufgabe.

Das Demonstrieren und Ausfüllen der Overheadfolien, die zu einzelnen Arbeitsbögen angeboten werden, erleichtern den Schülern jeweils nachzuprüfen, ob ihre Eintragungen richtig sind. Die Hefte der Arbeitsbögen sind perforiert und gelocht, so daß die Bögen nach Bedarf einzeln verwendet und mit selbst angelegten Bögen oder "Hausheften" kombiniert verwendet werden können. Die Schüler legen sich dann einen Schnellhefter an, der alle Bögen aufnimmt. Das Gestalten eigener Arbeitsbögen gilt besonders auch an den Stellen, an denen Inhalte über den Entwurf hinaus vertieft behandelt werden sollen.

1.8.3. Die Tests ersetzen nicht das Notengeben

Zum Überprüfen des Unterrichtserfolges ist zu jeder Unterrichtseinheit ein Testheft entwickelt worden. Dieser Test ist als Nachtest geeignet. Der Abschnitt 2.2. (Evaluation) im Lehrerheft enthält die Testaufgaben mit den Lösungen. Darüber hinaus sind die Aufgaben, die für einen Vortest geeignet sind, mit einem V gekennzeichnet. Der Lehrer kann sich aus diesen Aufgaben einen Vortest zusammenstellen, der ihm über die Ausgangslage in seiner Klasse Aufschluß gibt.

Auch aus den Nachtestaufgaben kann der Lehrer kleinere Tests zusammenstellen oder gegebenenfalls neue Aufgaben formulieren, die seinem durchgeführten Unterricht entsprechen.

Der Abschnitt Evaluation erläutert einige Aufgaben des Tests; genauere Angaben kann der Lehrer den umfangreicheren Veröffentlichungen zur Evaluation der Unterrichtseinheiten entnehmen, auf die jeweils verwiesen wird.

Im Abschnitt 1.4. wurde bereits betont, daß die Tests nicht unvermittelt zum Notengeben verwendet werden sollen. Nur wenn die Tests vorsichtig als e i n Instrument neben anderen Verfahren zur Kontrolle des Lernerfolges verwendet werden, sind sie eine angemessene Hilfe.

1. 9. LITERATURHINWEISE

Blankertz, H.: Theorien und Modelle der Didaktik. München: Juventa, 1969.

Dylla, K.: Eine Untersuchung über die Transformierbarkeit moderner biologischer Erkenntnisse in den Unterstufenunterricht. MNU 25, 1972, 37-46.

Eigenmann, J., Strittmatter, A.: Ein Zielebenenmodell zur Curriculumkonstruktion (ZEM). In: Aregger, K., Isenegger, U.(Hrsg.): Curriculumprozeß: Beiträge zur Curriculumkonstruktion und -implementation, Basel: Beltz, 1972, 65 - 128.

Ewers, M.: Zur Begründung und Entwicklung eines Strukturgitters der Biologie-Didaktik. In: Blankertz, H. (Hrsg.): Fachdidaktische Curriculumforschung, Essen: Neue Deutsche Schule, 1973, 155-182.

Franck, H.: Kybernetische Grundlagen der Pädagogik. Baden-Baden: Agis, 1969.

Frey, K.: Die Taxonomien und das Curriculum. Paedagogica Europaea, 1970, 50-72.

Frey, K.: Theorien des Curriculum. Weinheim: Beltz, 1971.

Frey, K.: Verwendungsformen von Lernzielen. In: Aregger, K., Isenegger, U. (Hrsg.): Curriculumprozeß: Beiträge zur Curriculumkonstruktion und -implementation, Basel: Beltz, 1972, 51-63.

Frey, K., Bayrhuber, H., Bloch, J., Dumpert, K., Haft, H., Hameyer, U., Häußler, P., Jaeckel, K., Künzli, R.: Zum Begriff "Integriertes Curriculum Naturwissenschaft". In: Frey, K., Häußler, P. (Hrsg.): Integriertes Curriculum Naturwissenschaft: Theoretische Grundlagen und Ansätze, Bericht über das 4. IPN-Symposion, Weinheim: Beltz, 1973, 19-26.

Frey, K., Häußler, P. (Hrsg.): Integriertes Curriculum Naturwissenschaft: Theoretische Grundlagen und Ansätze, Bericht über das 4. IPN-Symposion. Weinheim: Beltz, 1973.

Frey, K., Lattmann, U. P.: Effekte der Operationalisierung von Lernzielen. Schweizerische Zeitschrift für Psychologie und ihre Anwendungen 30, 1971, 119-127.

Fulda, H.: Für pragmatische mittelfristige Curriculum-Planung. betrifft erziehung 4, 1971, Heft 5, 5 f.

Habermas, J.: Technik und Wissenschaft als "Ideologie". Frankfurt: edition suhrkamp 287, 1968.

Habrock, D.: Erprobung und Auswertung der IPN-Unterrichtsreihe "Biologisches Gleichgewicht" im 6. Schuljahr. Schriftliche Hausarbeit zur 2. Staatsprüfung für das Lehramt an der Grund- und Hauptschule. Witten 1973 (unveröffentlicht).

Häußler, P.: Bisherige Ansätze zu disziplinübergreifenden naturwissenschaftlichen Curricula - eine Übersicht. In: Frey, K., Häußler, P. (Hrsg.): Integriertes Curriculum Naturwissenschaft: Theoretische Grundlagen und Ansätze, Bericht über das 4. IPN-Symposion, Weinheim: Beltz, 1973, 31-69.

Heimann, P.: Didaktik als Theorie und Lehre. Die deutsche Schule, 1962.

Hirt, H.: Unterrichtseinheit "Einführung in die Ethologie". Göttingen, 1973 (unveröffentlicht).

Hübner, O.: Unterrichtseinheit "Atmung und Blutkreislauf", umgearbeitet für Sonderschulen. Oldenburg, 1973 (unveröffentlicht).

Huhse, K.: Theorie und Praxis der Curriculum-Entwicklung. Ein Bericht über Wege der Curriculum-Reform in den USA mit Ausblicken auf Schweden und England. Institut für Bildungsforschung in der Max-Planck-Gesellschaft, Studien und Berichte 13, Berlin, 1968 (polykopiertes Skript).

Kattmann, U.: Entwicklung von Biologie-Curricula im IPN Kiel. MNU 24, 1971, 114-117.

Kattmann, U.: Lernziele zur Sexualerziehung im Biologieunterricht. Praxis der Naturwissenschaften, Biologie 21, 1972, 221-231.

Kattmann, U.: Die Einstellung von 10 bis 11-jährigen Schülern zu Menschen fremder Rassen. Kiel: IPN, 1973 (polykopiertes Skript). Gekürzte Fassung in Westermanns Pädagogische Beiträge 26, 1974.

Kattmann, U.: Der Mensch als Thema des Biologieunterrichts in der Sekundarstufe I. MNU 27, 1974, 37-43.

Knab, D.: Ansätze zur Curriculumreform in der BRD. betrifft erziehung 4, 1971, Heft 2, 15-34.

Kollmann, A.: Unterrichtseinheit "Bakterienkunde", Nürnberg, 1973 (unveröffentlicht).

Mager, R. F.: Lernziele und Programmierter Unterricht. Weinheim: Beltz, 1969.

Mizgalski, M. u. a.: Unterrichtsreihe "Ernährung und Verdauung". Der Biologieunterricht 9, 1973, Heft 3, 15-53.

Petry, G.: Entwicklung von Curriculumelementen für die Gesamtschule Kiel-Friedrichsort. Hausarbeit für die Pädagogische Prüfung für das Lehramt an Höheren Schulen. Verfasser: Joachim Neander, Gerlinde Petry, Dietrich Schunck, Luise Winterhager, 1971.

Rahmenlehrpläne für den 5. und 6. Jahrgang an den Gesamtschulen in Nordrhein-Westfalen. Düsseldorf: Der Kultusminister des Landes Nordrhein-Westfalen, 1972.

Rahmenplan des Verbandes Deutscher Biologen für das Schulfach Biologie. Mitteilungen des Verbandes Deutscher Biologen, Nr. 192, Beilage zu Naturwissenschaftliche Rundschau 25, 1973, Heft 6; außerdem abgedruckt in: Praxis der Naturwissenschaften 22, 1973, 141-153; MNU 26, 1973, 202-211.

Rahmenrichtlinien Sekundarstufe I, Biologie. Der Hessische Kultusminister, 1973.

Robinsohn, S. B.: Bildungsreform als Reform des Curriculum. Neuwied: Luchterhand, 1969.

Schaefer, G.: Fach-Didaktik-Fachdidaktik, eine Standortbesinnung am Beispiel der Biologie. MNU 24, 1971a, 390-396.

Schaefer, G.: Probleme der Curriculum-Konstruktion. Der Biologieunterricht 7, 1971b, Heft 4, 6-17.

Schaefer, G.: Informationstheoretische Bemerkungen zur Ableitung von Unterrichtszielen. Praxis der Naturwissenschaften, Biologie, 22, 1973, 1-6.

Schoof, J., et al.: Beiträge zur Curriculum-Entwicklung im Biologieunterricht. NiU 20, 1972, 299-313.

2. Unterrichtseinheit "DIE BEWEGUNG UNSERES KÖRPERS"

2.1. DIDAKTISCHE VORÜBERLEGUNGEN

2.1.1. Die Behandlung des Themas in der bisherigen Schulpraxis

Die Bewegungen unseres Körpers im Unterricht zu behandeln ist nicht neu. Richtlinien und die meisten Lehrbücher der letzten Jahre schlagen dazu Themen vor. Nur wenige Lehrbücher gehen auf das Thema nicht ein, z.B. "Pflanze, Tier und Mensch, Band I" (Gotthard, Hager 1970).

Ein Vergleich der Biologieschulbücher zeigt die unterschiedliche Behandlung des Bewegungsapparates. Die verschiedenen Autoren weichen in der Themenauswahl stark voneinander ab. Oft werden nur Teilaspekte der Bewegung berücksichtigt. Fast immer steht der Skelettapparat im Mittelpunkt der Betrachtungen, die Muskulatur wird teilweise mit einbezogen, seltener aber das Nervensystem. In "Erkunden und Erkennen, Biologie I" (H. Grupe, 1967) werden die Muskeln und das Skelett im Zusammenhang mit der Tierkunde bearbeitet. Die Besonderheiten des menschlichen Körpers werden mit denen des tierischen verglichen und ihnen gegenübergestellt.

Die meisten Biologieschulbücher für die Klassen 5 bis 7 behandeln den menschlichen Bewegungsapparat gesondert. Das Skelett wird meistens ausführlich am Beginn der Menschenkunde beschrieben, im allgemeinen jedoch hauptsächlich als günstige Möglichkeit für die Einführung von Einzelbegriffen des Skelettaufbaus; ebenso wird manchmal der Feinbau der Knochen und der verschiedenen Gelenkformen eher unter rein anatomischen Gesichtspunkten als unter Gesichtspunkten des Zusammenhangs von Bau und Funktion eingeführt. Die Kenntnisse über das Skelett haben späterhin methodisch oft nur die Aufgabe, als Einordnungssystem für andere Organe des menschlichen Körpers zu dienen.

Die Muskulatur und ihre Arbeitsweise werden in den meisten Schulbüchern nach der Behandlung des Skelettes besprochen. Ähnlich geschieht es mit dem Nervensystem, das später als geschlossener Block ohne engeren Bezug zum Bewegungsvorgang oder anderen Funktionsabläufen behandelt wird. Der Unterricht stellt sich dar als Vermittlung von Begriffen oder Begriffssystemen, die beziehungslos - teilweise sogar mit großen zeitlichen Zwischenräumen - aneinandergefügt werden.

Die verschiedenen Teilaspekte der Bewegung werden in der Regel in der Tierkunde oder im Anschluß daran mehr oder weniger ausführlich besprochen, wie z.B. in "Schmeil, Tierkunde" (W. Mergenthaler, 1970), "Tierkunde, I. Band, 1. Teil" (W. Wüst, 1968), "Das Tier, Band I" (W. Heiligmann, H. Janus, H. Länge; 1965). Andere Schulbücher behandeln dagegen den menschlichen Bewegungsapparat ausführlicher nach der Tier- und Pflanzenkunde ("Das Leben, Band I" Kruse-Blume, 1967) oder bauen diesen Teil der Menschenkunde zwischen die Tier- und Pflanzenkunde ein ("Biologie I" Lange, Strauss, Dobers; 1967).

Alle angeführten Schulbücher beziehen das Nervensystem nicht in die Besprechung des Bewegungsablaufes mit ein. Die einzelnen Organsysteme werden systematisch, aber voneinander getrennt behandelt, ohne ihr Zusammenwirken ausreichend zu berücksichtigen. Diese oft nur vom Aspekt einer Teildisziplin her bestimmte Behandlung des Themas führt nicht zur Erkenntnis des Kernproblems "Prozeßablauf Bewegung". Sie verstellt geradezu die wesentlichen Einsichten in die Zusammenhänge, indem sie das Hauptaugenmerk des Schülers auf nur vermittelnde Lernziele und unverbundene Einzeldaten lenkt (vgl. dazu auch Grupe, 1971; Sönnichsen, 1973).

Überträgt man Vorstellungen, die J. J. Schwab (1972) zu Strukturfragen der Naturwissenschaften geäußert hat[+], auf die Schulsituation und die Notwendigkeit, hier innerhalb der Teildisziplinen des Faches Biologie einen für das gestellte Problem begründeten Unterricht zu planen, dann führt die bisher normalerweise geübte Praxis am Thema vorbei.

Die Erkenntnis des funktionalen Zusammenspiels wird dem Schüler oder bestenfalls der Ergänzung durch den Lehrer überlassen.

Im Schulbuch "Das Arbeitsheft zur Menschenkunde" (W. Kuhn, 1972) dient die Behandlung des Nervensystems als Zusammenschau aller Organe am Schluß des Buches. In "Biologie/5. u. 6. Schuljahr" (H. Duderstadt et al., 1972) wird das Nervensystem zwar bei der Bewegung gleichzeitig mit den Begriffen Knochen und Muskeln mit angeführt, aber nicht näher behandelt.

Der Vergleich der Schulbücher zeigt, daß bei dem Thema "Die Bewegung unseres Körpers" die Schüler nicht ausreichend erfahren, in welchem Zusammenhang die an den Bewegungen beteiligten Organe oder Organteile stehen. Auf allen Stufen des Biologieunterrichtes muß aber deutlich werden, daß nicht isolierte Vorgänge unsere Lebensäußerungen steuern, sondern daß unser jeweiliges Verhalten nur durch das Zusammenwirken vieler Organe des Körpers bestimmt wird.

2.1.2. Grundsätzliche Gesichtspunkte zur Entwicklung der Unterrichtseinheit

Das Aufgreifen des Themas "Die Bewegung unseres Körpers" für die Entwicklung einer Unterrichtseinheit im IPN kann auf verschiedene Gründe zurückgeführt werden. Bestimmend für die Wahl dieses Themas waren zwei Gesichtspunkte. Einerseits wird es in der normalen Schulpraxis nur sporadisch und oberflächlich behandelt (siehe 2.1.1). Andererseits erfordert das Thema bei einem funktionell-anatomischen Ansatz die Integration von Aspekten. Ein weiterer inhaltlicher Gesichtspunkt ist, daß die Möglichkeit der Bewegung (und der Fortbewegung) des eigenen Körpers als eine der wichtigsten Fähigkeiten von lebenden Organismen im Biologieunterricht auch eine entsprechende Stellung einnehmen sollte.

Wichtige Überlegungen für den Einsatz dieses Themas in der Orientierungsstufe bezogen sich auch auf die individuelle Situation der Schüler dieser Klassenstufe:

- Besonders in der frühen Sek. I ist der Bewegungsdrang der Kinder stark ausgeprägt, die Bewegungskoordination bei vielen Bewegungsabläufen aber durchaus noch nicht ausgereift. Das zeigt sich besonders im Sport, wo z.B. bei Ballspielen oder beim Turnen derartige Koordinationen erst eingeübt werden müssen. Kenntnisse über die Funktion von Bewegungsorganen

---

+ Siehe Schwab's Darstellung über die Bedeutung der Forschungsmethode innerhalb der von ihm so genannten "Syntax der Naturwissenschaften" (s. S. 55

können die Kinder für Bewegungen des eigenen Körpers sensibilisieren und den Zweck von Bewegungsübungen einsichtig machen.

- Eine (vertiefende) Betrachtung normaler und häufig vorkommender Lebenssituationen betrifft den Erfahrungsbereich 11 bis 12-jähriger Kinder und kommt deshalb ihren Motivationen entgegen.

Aus schulorganisatorischen Gründen heraus schien es außerdem sinnvoll, die auf den Klassenstufen 5 und 6 übliche, an den Menschen anknüpfende - aber auch aus dem Interesse der Kinder begründete - ganzheitliche Betrachtungsweise beizubehalten, um bestimmte sich in diese Unterrichtsform einfügende Neuerungen leichter einführen zu können.

Für die Entwicklung dieses Unterrichts wurden folgende Leitideen aufgestellt, die durch die Erprobungen grundsätzlich bestätigt wurden:

- Ein früher Einsatz physiologischer Betrachtungsweisen ist für das Verständnis des Bewegungsablaufes notwendig und bei einer Reduktion auf grundsätzliche Vorgänge auch schon in der Orientierungsstufe erreichbar.

- Nur die Darstellung des Bewegungsablaufes als funktionelles Zusammenspiel von Muskeln, Knochen, Sehnen, Gelenken, Nerven, Rückenmark, Gehirn und Sinnesorganen befähigt den Schüler, das Phänomen Bewegung zu verstehen.

- Der Lernprozeß umfaßt nicht nur Kenntnisse und Einsichten, sondern der gesundheitliche Aspekt soll darüber hinaus zur kritischen Auseinandersetzung mit dem eigenen Verhalten führen.

Nach diesen von Dylla anhand von Eigenbeobachtungen formulierten Leitideen muß das Nervensystem in den Unterricht über die Bewegung unseres Körpers mit einbezogen werden, ohne daß unnötige physiologische Einzelheiten zur Sprache kommen müssen. Das Gleiche gilt für das Sinnesorgan Auge und bestimmte Sinnesfunktionen der Haut.

Für den Ablauf der Unterrichtseinheit ergeben sich sachlogisch folgende Themenkreise:

1. Anatomie der Bewegungen: Das Zusammenwirken von Muskeln, Sehnen und Knochen; die Zusammenhänge zwischen dem Bewegungsvermögen und dem Bau eines Gelenkes bzw. der Wirbelsäule.

2. Die Informationsverarbeitung und Steuerung durch das Nervensystem bei Bewegungen.
Das Zusammenwirken von Organen, die an der Steuerung von Bewegungen beteiligt sind.

3. Die Anfälligkeit des Bewegungssystems:
Die Verletzungen des Armes und anderer Körperteile, sowie Haltungsschwächen.

Zu 1:
Kenntnis der wichtigen anatomischen Merkmale der einzelnen Organe oder Organsysteme, die an Bewegungsvorgängen beteiligt sind, ist eine Voraussetzung für den Schüler, um ihre Bedeutung für den zusammenhängenden Ablauf einer Bewegung verstehen zu können. Das gilt in gleichem Maß für das Verständnis der Funktionsweise dieser Organe oder Organsysteme.

33

Die Verknüpfung dieser Bau- und Funktionsmerkmale in einer ablaufenden Bewegung kann als ein Beispiel für ein grundlegendes Erklärungsprinzip organismischer Strukturen gelten. Für die Darstellung einer solchen speziellen Angepaßtheit können im Rahmen des Themas besonders gut die wichtigsten Gelenkformen und die Wirbelsäule herangezogen werden. An diesen Beispielen läßt sich die Anpassung an bestimmte Funktionen anhand des Gelenkbaues, der Freiheitsgrade für die Bewegung und (evtl.) der Belastungsgrenzen einleuchtend herausarbeiten.

Die Belastung des Schülers mit reinem "Vokabelwissen", das er nicht direkt in einen komplexeren Zusammenhang einknüpfen sondern nur unverbunden vielleicht in zukünftigen Situationen gebrauchen kann, ist nicht gerechtfertigt, zumal der Lernerfolg auf Dauer in diesem Zusammenhang äußerst gering ist.

Dagegen ermöglicht wohl nur die in der Unterrichtseinheit als Schwerpunkt gesetzte Analyse von Bewegungsabläufen ein Verständnis des Phänomens "Bewegung": Die Betrachtung vollständiger Bewegungssysteme muß im Vordergrund stehen. Die Beschränkung auf einzelne beispielhafte Analysen rechtfertigt es, die Beherrschung anatomischer Begriffe auf den unbedingt notwendigen Umfang zu begrenzen.

Zu 2:
Aus der geforderten Untersuchung von Bewegungssystemen ergibt sich notwendig der zweite Themenkreis, die Einbeziehung der Sinnesorgane und des Nervensystems mit ihren Funktionen der Informationsaufnahme, Informationsverarbeitung, der Koordination und Steuerung von Bewegungen. Auf diese Veränderung einer herkömmlichen Unterrichtspraxis sind auch die ersten beiden Leitideen ausgerichtet (s. o.).

Schon die Kompliziertheit der Bewegungsabläufe und die besondere Bedeutung des Nervensystems für die Verbindung der Teilsysteme ergeben neben seinen anderen Funktionen ein gewichtiges Argument für diesen Themenkreis. Nur mit Hilfe der Kenntnis des Nervensystems kann die Koordination und die Zusammenarbeit so unterschiedlich arbeitender Organe verständlich werden, wie sie an einer Bewegung beteiligt sind.

Auf der 5. Klassenstufe geht es weniger um eine detaillierte Darstellung des komplexen Bewegungssystems als eher um eine Verdeutlichung des Komplexitätsgrades von Bewegungsabläufen, auch wenn sie stark vereinfacht dargeboten werden. Dafür genügt der Einbezug des Nervensystems an den notwendigen Stellen. Dagegen ist eine systematische Behandlung anatomischer und physiologischer Merkmale des Nervensystems oder der Sinnesorgane nicht notwendig.

Es ist voll ausreichend, sie auf dieser Schulstufe auf einer einfachen qualitativen Ebene einzuführen. Folgende Grundfunktionen von Sinnesorganen und Nervensystem sind auf dieser phänomenologischen Ebene von Interesse:

- Informationsaufnahme und Reiztransformation durch die Sinnesorgane

- "Nachrichtentechnische" Verbindung einzelner Organsysteme in einem Funktionssystem

- Informationsverarbeitung durch das Nervensystem

- Koordinations- und Steuerungsfunktion des Nervensystems

- Raumzeitliche Funktion eines Bewegungssystems.

Deshalb wurde auch in der Unterrichtseinheit bewußt eine vielfältige Darstellung der Steuerungsvorgänge vermieden, wie sie bei den angeborenen und erlernten Automatismen, z.B. unbedingten und bedingten Reflexen ablaufen. Nur die willkürlichen Bewegungen werden den unwillkürlichen gegenübergestellt, um das Bewußtsein für die unterschiedlichen Mechanismen bei Bewegungsabläufen zu schaffen. Die Unterscheidung von willkürlicher und unwillkürlicher Bewegung kann aber mit Schülern in diesem Alter schon erarbeitet werden, wie sich an Ergebnissen der Erprobungen gezeigt hat (siehe S. 37).

Zu 3:
Gleichzeitig sollte in Verbindung mit der Untersuchung des Bewegungssystems dessen V e r l e t z b a r k e i t behandelt werden. Dieser Themenkreis muß über die reine Information über Verletzungen des Bewegungsapparates hinausführen. Verletzungen des Armes und anderer Körperteile sind auf dieser Altersstufe recht häufig. Maßnahmen zur Ersten-Hilfe-Leistung sollen allerdings einem speziellen Kurs vorbehalten bleiben. Es ist aber wichtig, dem Schüler deutlich zu machen, wie er sich bei üblichen Verletzungen verhalten soll und welche Folgen beim Nichtbeachten bestimmter Verhaltensregeln eintreten können.

Noch wichtiger als bei den Verletzungen ist eine vernünftige Einstellung gegenüber den H a l t u n g s s c h w ä c h e n . Es ist nicht Ziel der Unterrichtseinheit, alle Haltungsschwächen zu besprechen. Oft kann nur ein Arzt verschiedene Haltungsschwächen gegeneinander abgrenzen, z.B. sind Rund- und Hohlrücken in den Anfangsstadien für einen Laien nicht unterscheidbar. Der Hohlrücken wird nicht im Unterricht behandelt, da gerade bei dieser Haltungsschwäche die Ursachen vom medizinischen Standpunkt aus nicht eindeutig trennbar sind. E i n e n einzigen Haltungsfehler, der das Hohlkreuz hervorruft, gibt es nicht. Gerade auf diese durch unterschiedliche Ursachen mögliche Beeinflussung einzelner Haltungsschwächen von seiten der Schüler wird aber Wert gelegt.

Untersuchungen an Kindern und Jugendlichen zeigen das starke Vorhandensein und die Zunahme von Haltungsschwächen. "Nach statistischen Erfahrungen der letzten Jahre sind 20 bis 30 % der Kinder im Einschulungsalter als haltungsgeschwächt zu bezeichnen. Im Verlauf der Schulzeit nehmen diese Haltungsschwächen offensichtlich an Zahl und Intensität weiter zu. Nach einer in Münster vorgenommenen Untersuchung an Oberschülern im Alter von 10 bis 18 Jahren wurden bei den Mädchen in 43,4, bei den Jungen in 37,9 % Haltungsschwächen, bei etwa 8 % der Schüler insgesamt Haltungsschäden vorgefunden" (Mathiass, im Lehrbuch des Schulsonderturnens, 1972). Durch Untersuchungen von R. Penners (1961) werden die Aussagen von Mathiass noch differenziert. Bei Untersuchungen von 3659 6-, 10- und 14-jährigen Schülern wurden bei 39,3 % Haltungsfehler, Skoliosen oder Kyphosen gefunden. Bei einer Aufteilung der Fehlhaltungen in drei Gruppen unterschiedlich schweren Grades (Haltungsfehler, unsichere Haltungen/noch nicht ganz fixierte manifeste Wirbelsäulenverkrümmungen/schwere fixierte Verkrümmungen) blieben innerhalb der Gruppe 2 und 3 immer noch 20 %, d.h. 743 von 3659 Schülern, übrig. Vergleicht man - beschränkt auf die 39,3 % entdeckten Fälle - das Verhältnis der Deformitäten in Gruppe 1 zu dem in den Gruppen 2 und 3 zwischen den untersuchten Jahrgangsstufen, dann wird die Veränderung in Richtung schwerer fixierter Verkrümmungen bei den älteren Jahrgängen sehr deutlich (siehe Abb.).

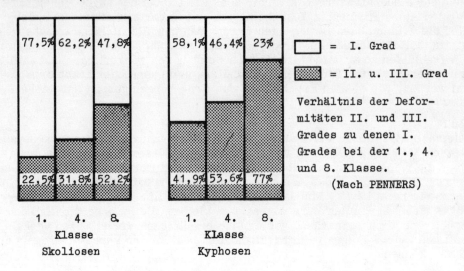

□ = I. Grad

▨ = II. u. III. Grad

Verhältnis der Deformitäten II. und III. Grades zu denen I. Grades bei der 1., 4. und 8. Klasse.
(Nach PENNERS)

Der prozentuale Anteil der beschriebenen Deformationen bei einer Stichprobe wird durch Untersuchungen anderer Autoren bestätigt (siehe Lehrerinformation S. 98). Auch bei Musterungen der Geburtsjahrgänge 1941 bis 1945 zeigten 35 % Formveränderungen der Wirbelsäule (a. O., S. 39).

Oft lösen Haltungsschwächen noch weitere Entwicklungs- und Leistungsstörungen aus (siehe Lehrerinformation S. 99). Es besteht eine unmittelbare Verbindung von Haltungsschwächen und Organleistungsschwächen, so kann z.B. die Atemfunktion der Brustmuskulatur bei Schwächung nicht mehr voll aufrechterhalten werden.

Da Schüler selbst beim Wissen darüber, daß durch häufige falsche Körperhaltungen Haltungsschwächen und -fehler entstehen können, daß sie aber unter bestimmten Voraussetzungen vermeidbar sind, selten ihr eigenes Verhalten bewußt korrigieren, muß sich der Lernprozeß auch auf affektive Bereiche erstrecken. Zur Untersuchung der Frage, ob durch Verhaltenstraining in der Schule bestimmte Einstellungsänderungen gegenüber der eigenen Gesundheit bewirkt werden, wird bereits ein Curriculum "Gesundheitserziehung" entwickelt[+].

Durch das In-Frage-Stellen der unreflektierten Bewunderung des Leistungssports soll eine kritische und rationale Einstellung zum Sport gewonnen werden. Um das zu erreichen, muß aufgezeigt werden, daß ein gesundheitliches Risiko bei Über- wie bei Untertreibung sportlicher Betätigung besteht. Aus diesem Grunde müssen sowohl die gesundheitlichen Risiken der Über- wie Untertreibung beim Sport dargestellt als auch die gesundheitsfördernde Wirkung einer ausgewogenen körperlichen Betätigung besprochen werden.

[+]Bundeszentrale für gesundheitliche Aufklärung (Köln).

2.2. EVALUATION

2.2.1. Veränderung einzelner Unterrichtsabschnitte aufgrund von Erprobungen

Die Behandlung der willkürlichen und der unwillkürlichen Bewegung.

Die Versuche zur willkürlichen Bewegung wurden mehrfach geändert, um eindeutige Ergebnisse zu erhalten. Anfänglich erhielten die Schüler die Anweisung, nur einen von zwei Gegenständen (z. B. faulen oder anderen Apfel, bzw. zwei verschiedenfarbige Bälle), die in die Klasse geworfen wurden, zu fangen. Meistens griffen die Schüler nach beiden Gegenständen. Der Aufforderung des geänderten Versuches, nur einen von zwei Bällen (bestimmte Farbe) beim Anheben von Kartons zu greifen, kamen die Schüler nach. Bei dieser Versuchsanordnung war es ihnen möglich, die veranlaßte willkürliche Bewegung auszuführen, ohne daß anders orientierte reflektorische Bewegungen überlagert wurden. Im Nachtest nannten 65 % der Schüler ein richtiges Beispiel für eine willkürliche Bewegung und 72 % konnten den Ablauf angeben.

Die Reaktionen bei der unwillkürlichen Bewegung müssen klar erkennbar sein, um die Abläufe von willkürlicher Bewegung und Reflex zu trennen. Eine geeignete Versuchsauswahl ist erforderlich und entscheidend. Der Versuch mit zwei verschieden temperierten Bügeleisen zeigt deutliche Ergebnisse. 56 % der Schüler gaben ein richtiges Beispiel an und 60 % konnten den Ablauf eines Reflexes kennzeichnen. Dagegen brachte ein Versuch, in dem die Fingerkuppen von Schülern (mit zugebundenen Augen) mit einem Zirkel oder einer Nadel kurz berührt wurden, obwohl ihnen nicht bekannt war, was geschah, schlechte Ergebnisse. Nur 22 % der Schüler konnten ein richtiges Beispiel nennen (und 57 % zeichneten den richtigen Ablauf eines Reflexes).

Der Kniesehnenreflex wurde aus didaktischen Gründen nicht durchgeführt. Er ist sachlich schwer zu vereinfachen. Die Versuchsdurchführung erfordert auch Übung vom Lehrer.

Ebenso wird der Lidschlußreflex nicht durchgeführt, da er durch das Gehirn gesteuert wird. Um aber der willkürlichen die unwillkürliche Bewegung gegenüberzustellen, ist der gleiche Aufbau der Arbeitsbögen mit den gleichen Zeichnungen sinnvoll. Nur dann können die beiden Arbeitsbögen verglichen und die Unterschiede herausgestellt werden (unterschiedliche Wege der Erregungsleitung bei willkürlicher und unwillkürlicher Bewegung).

Anmerkungen zu Auswahl und Einsatz von Medien.

Bei der M e d i e n a u s w a h l steht der menschliche Körper im Vordergrund und wird häufig zum Objekt des Erkundens gewählt, weil dadurch die Schüler nachweislich stärker motiviert werden. Die Selbstbeobachtung wird durch Modelle ergänzt. Das Nebeneinander von Modellen und Arbeitsbögen kann das "Lesevermögen" der Schüler für unterschiedliche Darstellungen erhöhen. Modelle besonderer Art sind die Funktionsmodelle. Sie veranschaulichen einzelne Vorgänge, die der direkten Beobachtung nicht zugänglich sind. Da diese Unterrichtseinheit im Ansatz von der Funktion ausgeht, werden Modelle dieser Art mehrfach eingesetzt, wie verschiedene Gelenkmodelle, Wirbelmodelle, Scharniere und Modelle zur Wirkungsweise der Bandscheibe. Die im Unterricht verwendeten Funktionsmodelle wurden kritisch auf ihre Leistungsfähigkeit überprüft. Verschiedene "Beuger-Strecker-Modelle" wurden aus der Unterrichtseinheit wieder herausgenommen, da die Schüler falsche Vorstellungen von der Arbeitsweise der Muskeln erhielten.

Eines der angefertigten Modelle bestand aus Sperrholzbrettern - entsprechend dem Ober- und Unterarm geformt - und zwei Wasserballblasen, die am Ober- und Unterarm befestigt sind. Durch ein Blasmundstück wurde abwechselnd Luft in die Blasen (Beuger und Strecker) gepumpt oder gepustet. Dieses Modell erzeugt jedoch falsche Vorstellungen, da die Aktivarbeit der Muskeln durch passives Aufblähen der Blasen dargestellt wird.

Bei einem käuflichen Modell sind an einem Armskelett zwei Gruppen von mehreren Gummibällen befestigt, die Beuger und Strecker darstellen sollen. Bei einem anderen Modell des Muskelzugs von Beuger und Strecker werden für die Muskeln auch Gummibänder verwandt. Diese Modelle sind ebenfalls irreführend, da die Spannungs- und Entspannungsvorgänge gerade umgekehrt erfolgen wie im realen Fall.

Das Krümmungsmodell, das die doppelt-gebogene Form der Wirbelsäule der einfach-gebogenen gegenüberstellt, wird nicht mehr wie in der vorhergehenden Erprobung eingesetzt. Eine Testaufgabe zeigte, daß die Schüler die übertrieben dargestellte Form des Modelles zu sehr auf die Wirbelsäule selbst übertrugen.

2.2.2. Lernzielorientierte Tests

Für die lernzielorientierten Tests gelten die allgemeinen Aussagen über deren Entwicklung und Funktion (s. S. 20 ff).

Der N a c h t e s t enthält verschiedene Aufgabenformen, sodaß von der Aufgabenstellung her nicht bestimmte Lösungsstrategien der Schüler bevorzugt werden. Entsprechend werden bei einigen Aufgaben auch Zeichnungen als Erinnerungshilfen eingesetzt.

T e s t a u f g a b e n :

1) Die Stellen unseres Körpers, an denen wir beweglich sind, haben alle einen gemeinsamen Namen.

Schreibe diesen Namen hier auf: __*Gelenke*_____.

2) Wenn Du im Schlußsprung über einen Karton hüpfen willst, mußt Du eine ganz bestimmte Körperhaltung einnehmen: Du winkelst die Arme an, um Schwung zu holen, und außerdem bildet Dein Körper an drei anderen Stellen einen Winkel.
Nenne diese drei Stellen:

1. __*Hüft (-gelenk)*_____

2. __*Knie (-gelenk)*_____

3. __*Fußgelenk*_____.

3) An der Innenseite des Oberarmes liegt ein Muskel, der __*Beuger*___.
Wenn dieser Muskel arbeitet und sich dabei __*verkürzt*___ *(spannt)*,
verändert sich die Stellung des Unterarmes. Er wird __*angewinkelt*___
__*(gebeugt)*_____ und an den Oberarm __*herangeführt*_____.

An der Außenseite des Oberarmes arbeitet der __*Strecker*_____.
Wenn er sich __*verkürzt (anspannt)*_____, wird der Unterarm
__*abgewinkelt (gestreckt)*_____ und der andere Muskel __*ent-*__
__*spannt*____ sich wieder.

Auch an anderen Körperteilen arbeiten __*Beuger*_____- und __*Strecker-*__
muskeln wie am Arm. Sie müssen sich immer ergänzen, indem sie __*ab-*__
__*wechselnd*_____ arbeiten, um ein Körperteil zu bewegen. Deswegen
bezeichnet man sie als __*Gegenspieler*_____.

4) Die Knochen unseres Körpers halten nicht von selber zusammen. Welche Teile unseres Körpers sorgen für den Zusammenhalt?
Nenne die drei wichtigsten Teile, die für den Zusammenhalt sorgen:

1. _Muskeln_
2. _Sehnen_
3. _Bänder_

5) Benenne die einzelnen Teile der Zeichnung:

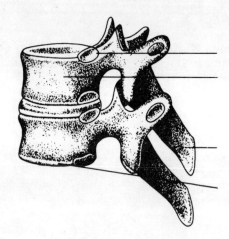

Rückenmark
Wirbel (körper)

Dornfortsatz

Bandscheibe

6) Morgens ist man etwas größer als abends.
Welche Erklärung weißt Du dafür?

Die Bandscheiben werden durch das Gewicht, das die
Wirbelsäule tragen muß, etwas zusammengedrückt.

7) Kreuze unter den folgenden Aussagen die (beiden) richtigen über die Bewegungsmöglichkeiten eines Kugelgelenkes an:

Das Kugelgelenk ist beweglich

☐   in einer Ebene

☐   in zwei Ebenen

☒   in vielen Ebenen

☐   in allen Ebenen

☐   in einer Richtung

☐   in zwei Richtungen

☒   in vielen Richtungen

☐   in allen Richtungen

8) Wie beweglich ist unsere Wirbelsäule?
Kreuze die beste Antwort an:

☐   In allen Richtungen gleich gut

☐   In allen Teilen der Wirbelsäule gleich gut

☐   Nach vorn und hinten gleich gut und gleich weit

☒   Nach vorn leichter und weiter als in die anderen Richtungen

☐   Nach hinten leichter und weiter als in die anderen Richtungen

☐   Nach rechts und links leichter und weiter als in die anderen Richtungen

41

9) Nenne ein Beispiel für eine willkürliche Bewegung:

_____ *einen Ball fangen* _____

Zeichne den vereinfachten Ablauf der willkürlichen Bewegung ein. Für die
vollständige Lösung mußt Du noch zwei Pfeile hinzufügen und die zusammen-
arbeitenden Körperteile benennen. Trage die Namen in die Kästchen und auf
den Pfeilen ein.

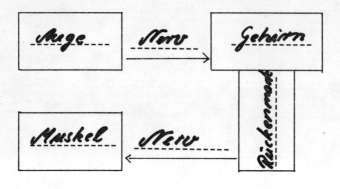

10) Nenne ein Beispiel für eine unwillkürliche Bewegung:

_____ *Zurückrucken vom heißen Bügeleisen*

Zeichne den vereinfachten Ablauf der unwillkürlichen Bewegung ein. Für die
vollständige Lösung mußt Du noch zwei Pfeile hinzufügen und die zusammen-
arbeitenden Körperteile benennen. Trage die Namen in die Kästchen und auf
den Pfeilen ein.

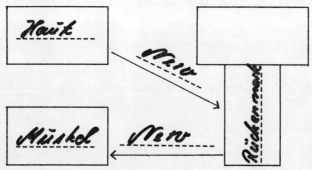

11) Ergänze jeweils das fehlende Wort und schreibe eine Antwort auf die punktierte Linie:

Karl hat einen _Rundrücken_.

Was kann er tun, damit der Schaden nicht größer wird oder sogar besser wird?

Er soll immer aufrecht sitzen.

Gerd hat einen _Schiefrücken_.

Was kann er tun, damit der Schaden nicht größer wird oder sogar besser wird?

Er soll sich nicht einseitig aufstützen.

Unter welchem gemeinsamen Namen kann man die Veränderungen der Körperhaltung bei Karl und Gerd zusammenfassen?

Haltungsschwächen.

12) Nenne (3) Armverletzungen, bei denen die Armknochen beschädigt oder in ihrer Lage verändert werden:

Armbruch, Verstauchung, Verrenkung

13) Angenommen, Du solltest jemanden vom Wert des Sports für die Gesundheit überzeugen.
Welchen der vorgeschlagenen Sätze dürftest Du nur dafür benutzen?
Kreuze nur diesen einen an.

☐ Vorausgesetzt, man hat seine Freude daran, dann ist es für die Gesundheit umso besser, je mehr Sport man treibt.

☒ Spaß am Sport haben und wissen, was man seinem Körper zutrauen darf, das sind wichtige Voraussetzungen, wenn Sport gesund erhalten soll.

☐ Auch wenn man kaum Freude daran hat, solange man nur eifrig und gewissenhaft Sport betreibt, bleibt man gesund.

☐ Man kann im Sport nur dann der erste sein, wenn man beim Training auch einmal auf den Spaß verzichtet und schmerzende Muskeln oder sogar gefährliche Verletzungen in Kauf nimmt.

Begründe, weshalb der von Dir angekreuzte Satz tatsächlich jemanden überzeugen kann:

Nur Menschen, die Spaß am Sport haben, werden Sport treiben. Wenn man mehr tut, als der Körper leisten kann, dann kann man leicht krank werden.

2.3. ANMERKUNGEN ZUM UNTERRICHTSVERLAUF

2.3.1. Begründung der vorgeschlagenen Stundenabfolge

Der Forderung der Einheit, die Bewegung als Ergebnis des funktionalen Zusammenspiels aller Teile zu sehen, wird dadurch entsprochen, daß bei der Behandlung der einzelnen Teilthemen besonders des ersten Themenkreises die Beziehung von Funktion und Bau in den Vordergrund gerückt wird. Durch die Aufspaltung des Themas in drei Themenkreise (siehe 2.1.2) ist die Sequenz bereits grob festgelegt, zumindest was die zeitliche Abfolge der ersten beiden Themenkreise betrifft. Es erscheint günstiger, übergeordnete Elemente eines Systems, die sich einer direkten Untersuchung nicht erschließen, sondern nur nach Kenntnis anderer Teileelemente logisch zu fordern sind, erst nach deren Behandlung einzuführen. Ausgangspunkt für das Kennenlernen des Bewegungsapparates bei ganzheitlicher Betrachtungsweise ist die Bewegung selbst. Sie wird als dynamischer Einstieg gewählt, nicht als Zusammenschau aller Organe am Schluß der Betrachtungen.

Im Anschluß an die Analyse eines Bewegungsablaufes (genaue Beobachtung eines Schlußsprunges) in der 1. Stunde werden aufgrund der aufgetauchten Probleme in der 2., 3. und 4. Stunde verschiedene Teilsysteme untersucht, die Bewegungen unseres Körpers ermöglichen. Dabei rechtfertigt sich die zeitliche Reihenfolge der Behandlung der einzelnen Teilsysteme daraus, ob sie einer direkten Beobachtung zugänglich sind oder nur anhand von Modellen untersucht werden können. Deshalb geht die Beschäftigung mit der Funktion und der anatomischen Anordnung der an dem gewählten Beispiel Oberarm gut tastbaren Muskulatur (2. Stunde) der Behandlung des Skeletts (3. Stunde) - soweit es für das Verständnis des Bewegungsablaufs erforderlich ist - voraus. Die Untersuchungen am Skelett können jedoch nur über ein Modell die entsprechenden Kenntnisse über den Zusammenhalt und die Gelenkigkeit unseres Körpers vermitteln.

Die 3. Stunde kann kürzer gefaßt werden, wenn das Skelett bereits in einem anderen Zusammenhang besprochen wurde oder z.B. die Unterrichtseinheit "DER Mensch und DIE Tiere" vorher eingesetzt wurde. Der Stoff der 3. Stunde soll ausführlicher bearbeitet werden, wenn es dem Bedürfnis der Schüler entspricht. Die für die Bewegungsabläufe und Steuerungsfunktion notwendigen Teile sollten stärker herausgestellt werden.

An den Gelenken, die in der 4. Stunde behandelt werden, wird in einem vertiefenden Exkurs beispielhaft der enge Zusammenhang von Funktion und Bau erläutert.

In der folgenden 5. Stunde wird zum ersten Mal der dritte Themenkreis - die Verletzbarkeit des Bewegungssystems - eingeblendet, da unsere Erfahrungen in früheren Erprobungen gezeigt haben, daß die Schüler nicht sehr für die Behandlung des gesundheitlichen Aspekts zu motivieren sind, wenn dieser erst am Ende der Unterrichtseinheit einer vorhergehenden Behandlung des gesunden Körpers gegenübergestellt wird. Diese Stunde beschäftigt sich mit der Verletzbarkeit des gesunden Körpers. Als Beispiele werden Knochen-, Gelenk-, Muskel-, Sehnen- und Bänderverletzungen (Sportverletzungen!) herangezogen.

Die ersten 5 Stunden gehören eng zusammen, da in ihnen hauptsächlich die Funktion und die Anatomie von Bewegungssystemen untersucht werden.

Die 6. Stunde hat durch die Besprechung der Wirbelsäule eine Überleitungs-funktion, da sie einerseits eine Übertragung und Erweiterung der Kenntnisse von der Bewegungsfähigkeit unseres Körpers ermöglicht, andererseits aber aufgrund ihrer Funktion als Verbindungselement des Skeletts und schützender Mantel des Rückenmarks eine notwendige Voraussetzung für die Behandlung der Steuerungsvorgänge in der 7. und 8. Stunde darstellt. In diesen beiden Stunden werden die willkürliche und die unwillkürliche Bewegung als zwei Grundmuster unseres Bewegungsverhaltens eingeführt (siehe auch unter Punkt 2.1.2: Zu 2:).

Die 9. Stunde schließlich führt den dritten Themenkreis fort, indem in ihr die krankhaften Veränderungen (Haltungsfehler, -schwächen, -schäden) des gesamten Bewegungssystems angesprochen und Möglichkeiten zu ihrer Be-einflussung diskutiert werden. In diesem Zusammenhang muß auch die Rolle des Sports erörtert werden.

Dieser inhaltlicher Bereich steht nicht zuletzt deswegen am Ende der Unter-richtseinheit, weil er leicht zu einer vertieften Erörterung der offengelegten Problematik (Breitensport - Leistungssport - Gesundheit) führen kann (siehe zusätzliches Informationsmaterial).

Die Stundenthemen bei diesem Unterrichtsablauf lauten also:

1. Std.: Wie sich unser Körper beim Schlußsprung bewegt
2. Std.: Wie die Muskeln unsere Arme bewegen
3. Std.: Muskeln, Sehnen und Bänder halten unsere Knochen zusammen
4. Std.: Unser Körper ist gelenkig
5. Std.: Unsere Gliedmaßen können verletzt werden
6. Std.: Die Bewegungen unseres Rumpfes
7. Std.: Das Gehirn steuert unter anderem auch unsere willkürlichen Bewe-gungen
8. Std.: Die unwillkürliche Bewegung
9. Std.: Wir können Haltungsschwächen beeinflussen.

Bei dieser Stundenabfolge zeigt sich an den Erfahrungen der Erprobung, daß die Schüler den Bewegungsablauf als Gesamtfunktion erkennen.

2.3.2. Vorschläge zur Veränderung der Stundenabfolge

1. Von den stofflichen Voraussetzungen her ist es denkbar, die Haltungsschwä-chen (9. Stunde) im Anschluß an die Bewegungen des Rumpfes (6. Stunde) zu behandeln. In diesem Falle wäre allerdings eine Erweiterung der 9. Stunde nicht möglich wegen des Zusammenhangs der vorhergehenden Stunden mit der 7. und 8. Stunde. Auch bei dieser Abfolge (1. 2. 3. 4. 5. 6. 9. 7. 8.) kann wahr-scheinlich das Zusammenspiel von Muskeln, Sehnen, Knochen, Sinnesorganen und Steuerungssystem erkannt werden.

2. Eine andere Variante ergäbe sich durch eine geänderte Anordnung und Erweiterung nach den ersten 5 Stunden:

9. Stunde: Wir können Haltungsschwächen beeinflussen
6. Stunde: Die Bewegungen unseres Rumpfes (bei dieser Abfolge mehr ausge-richtet auf die Ursachenanalyse der Erfahrungen aus der 9. Stun-de)
7. Stunde: Das Gehirn steuert unter anderem auch unsere willkürlichen Be-wegungen

8. Stunde: Die unwillkürliche Bewegung
10. Stunde: Die Verletzbarkeit unseres Steuerungssystems (Nervensystem)

Bei dieser Abfolge müssen verschiedene Stunden verändert werden. Bei der Behandlung der Haltungsschwächen werden Lernziele der Stunde "Die Bewegungen unseres Rumpfes" vorgezogen (Lernziel 6. 3). In einer zusätzlichen letzten Stunde sollen die Schüler erfahren, welche Schädigungen des Nervensystems bei Haltungsschwächen und -schäden auftreten können. Dadurch wird die Verletzbarkeit logisch auf alle beteiligten Organsysteme ausgedehnt.

2.4. STUNDENENTWÜRFE

1. Stunde: WIE SICH UNSER KÖRPER BEIM SCHLUßSPRUNG BEWEGT

I. Unterrichtsziele

1.1. Die Haltung bei Beginn des Sprunges beschreiben können (Oberkörper im Hüftgelenk vorgebeugt, Knie- und Fußgelenk gebeugt).

1.2. Veränderungen in der Körperhaltung beim Sprung nennen können. (Der ganze Körper streckt sich, die Arme werden ruckartig bewegt, die Beine werden gehoben und im Kniegelenk gebeugt.)

1.3. Die Einzelbewegungen beim Schlußsprung voneinander unterscheiden und erklären können.(Durch die ruckartigen Armbewegungen wird der Schwung für den Sprung vergrößert; der Oberkörper wird vorgebeugt, um das Gleichgewicht halten zu können; Knie- und Fußgelenk werden eingewinkelt, um höher springen zu können.)

1.4. Angeben können, daß die Bewegung der Gliedmaßen in den Gelenken erfolgt.

II. Unterrichtsmedien

V.1 1 Karton, ungefähr 25 cm hoch
V.2 1 Streichholzschachtel
V.3 1 Geldstück
+M.1 Pappmännchen
+V.9 Overheadprojektor für +M.1
A.B.1 und A.B.2 in Klassenstärke

Anmerkung zu +M.1:

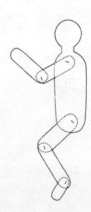

Am Kopf und Rumpf sind mit kurzen Drahtstücken die Gliedmaßen befestigt. Arme und Beine bestehen aus einzelnen Teilen, die gegeneinander beweglich sind. Das Pappmännchen kann vom Lehrer in verschiedenen Größen angefertigt werden, auch für eine große Magnettafel.

III. Unterrichtsverlauf

Ziele	Operationen	Medien	Metho-den
	1. **Beobachtungsanweisung** geben Die Schüler sollen den Bewegungsablauf beim Schlußsprung beobachten.		S. E.
	2. **Versuch** durchführen lassen Ein Karton (ca. 25 cm hoch) wird auf den Fuß- boden gestellt, ein Schüler wird aufgefordert, im Schlußsprung darüber zu hüpfen (s. A. B. 1). 1-2 Schüler wiederholen den Versuch.	V. 1	
B 1.1. 1.2. V	3. **Beobachtungen verbalisieren lassen** Beobachtungen an die Tafel schreiben, durch Strichzeichnungen an der Tafel oder mit +Papp- männchen auf dem Overheadprojektor präzisie- ren. A. B. 1 ausfüllen lassen.	 A. B. 1 +M. 1 V. 9	U. G. A. U.
1.3. B s a V	4. **Versuch 1 in vier Varianten wieder-** **holen** Die zwei Versuche auf A. B. 2 werden vorgele- sen, der Lehrer ergänzt die Versuchsanweisun- gen (s. u.). Versuche durchführen, auswerten und die Ergebnisse in den A. B. 2 oben eintra- gen lassen. 1) Mit gestreckten Armen, die unbewegt ge- halten werden, über denselben Karton sprin- gen (s. A. B. 2). 2) Karton gegen Streichholzschachtel austau- schen. Mit senkrecht gehaltenem Oberkörper darüber springen. Hüftgelenk nicht beugen, Arme unbewegt nach unten halten. 3) Mit gestrecktem Körper, gestreckten Armen und gestreckten Knien über eine Streichholz- schachtel springen. Bewegung nur im Fußge- lenk! 4) Mit gestrecktem Körper, gestreckten Knien und ohne Bewegung im Fußgelenk über ein Geldstück hüpfen (s. A. B. 2). (Zur Motivierung: Wer es schafft, darf das Geldstück behalten.)	 A. B. 2 V. 1 V. 2 V. 2 V. 3	S. E. A. U.
A V 1.4.	5. **Zusammenfassung** Ausfüllen des A. B. 2 unten.	A. B. 2	A. U. U. G.

Wie wir uns beim Schlußsprung verhalten.

1. Wir stehen:
Wir stehen aufrecht, unser Körper bildet eine gerade Linie.

2. Wir springen:

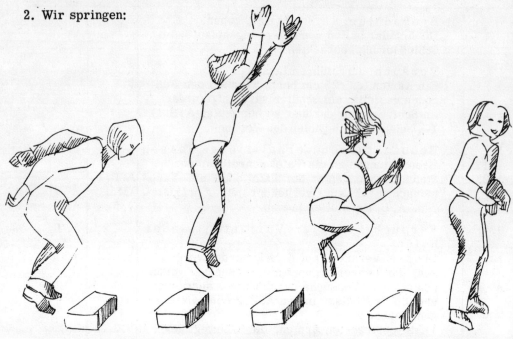

Wir beugen uns vor und verändern dabei die Haltung unseres Körpers:

Der Oberkörper wird _nach vorn gebeugt_.

Die Knie werden _angewinkelt_.

Die Fersen werden _angehoben_.

Die Arme werden _nach hinten gestreckt_.

Der Körper bildet an mehreren Stellen einen Winkel:
im Hüftgelenk
im Kniegelenk
im Fußgelenk
im Ellenbogengelenk (Schultergelenk)

Wir springen:

Gib eine Beschreibung des Sprungablaufes nach den Abbildungen:
Die Körperhaltung verändert sich ständig. Der ganze Körper krümmt und streckt sich, die Arme werden nach vorn bewegt, die Beine werden kurz angezogen, dann wieder gestreckt. Beim Aufsprung federt der ganze Körper ab.

50

Wie kommt es, daß sich alle Springer gleich verhalten?

Wir wollen diese Frage durch Versuche beantworten:

Versuch:

Halte die Arme beim Springen ganz unbewegt ausgestreckt nach unten.
Was beobachtest Du?

Es fällt mir schwer zu springen .

Versuch:

Bewege gar kein Gelenk Deines Körpers.
Kannst Du über ein Geldstück hüpfen?
Probiere es aus!
Was stellst Du fest?

Ich kann überhaupt nicht springen .

Das Ergebnis der Versuche zeigt:

Alle Springer bewegen Arme und Beine
in den Gelenken.

2. Stunde: WIE DIE MUSKELN UNSERE ARME BEWEGEN

I. Unterrichtsziele

2.1. Bau des Armes beschreiben können (Haut, Muskeln, Sehnen, Blutgefäße, Nerven, Knochen; Gliederung des Armes in Oberarm mit Oberarmknochen, Ellenbogengelenk, Unterarm mit zwei Unterarmknochen, Handgelenk und Hand mit Hand- bzw. Fingerknochen).

2.2. Das wechselnde Verhalten eines Muskels beschreiben können (beim Anspannen hart und kurz; beim Lockerlassen weich und lang).

2.3. Die Abhängigkeit der Bewegungsrichtung des Armes von der Arbeit und Lage der Muskeln angeben können. (Unterarm wird eingewinkelt, wenn der Beuger des Oberarms sich spannt. Unterarm wird gestreckt, wenn der Strecker des Oberarms sich spannt.)

2.4. Die Zusammenarbeit eines Muskelpaares erklären können (nur der angespannte, arbeitende Muskel bewegt die Glieder; Beuger und Strecker als Gegenspieler).

2.5. Die Mechanik der Muskelbewegung beschreiben und erklären können (der Muskel ist durch Sehnen am benachbarten Knochen befestigt; ein Körperteil (Unterarm) wird bewegt, weil Muskeln am benachbarten Knochen (Oberarm) ziehen; Muskeln, Sehnen und Knochen bewirken zusammen die Bewegung).

II. Unterrichtsmedien

V.10 Diaprojektor
D.1 Dias
*V.11 Filmprojektor
*F[+]: "Beuger und Strecker", Westermann Film, Nr. 355 405 in Auszügen
A.B.3 in Klassenstärke

[+]F: Es wird vorgeschlagen, folgende Szenen im Unterricht zu benutzen:
1. Anfang des Filmes: Ruderszene (Realaufnahme und Trick: Arbeit der Armmuskeln).
2. Ende des Filmes: Wiederholung des Tricks mit der Benennung der einzelnen Teile.

III. Unterrichtsverlauf

Ziele	Operationen	Medien	Methoden
B k V a 2.1.	1. Erkundung am eigenen Körper: A r m a u f - b a u Die allgemeine Lage der Muskeln im Ver- hältnis zu Knochen und Haut soll lokalisiert werden: jeder Schüler tastet den Oberarm mit der Hand des anderen Armes ab. Teile des Armes benennen. Falls notwendig, den Begriff Fleisch durch den Begriff Mus- keln ersetzen.		S. E. U. G.
B k V a 2.2.	2. Verhalten der Muskeln beim Anspannen und Lockerlassen beschreiben Versuche (s. A. B. 3): Die Hand von oben und unten an die Fensterbank oder festmon- tierte Tische drücken, den Oberarm dabei mit der Hand des anderen Armes abtasten. Den angespannten bzw. erschlafften Zustand der Muskeln auf der Vorder- und Rückseite des Oberarmes beschreiben lassen.	A. B. 3	S. E. U. G.
B k a V F 2.2. 2.3.	3. Namen B e u g e r und S t r e c k e r klären Versuch: Arm senkrecht nach oben halten. Unterarm über dem Kopf einwinkeln. Rück- seite des Oberarms mit der Hand des ande- ren Armes abtasten lassen, Verhalten der Muskeln beschreiben. Versuch: Den gebeugten Arm nach oben stre- cken. Arm wieder abtasten lassen, Veränderungen der Muskeln beschreiben lassen.		S. E. U. G.
L 2.4.	4. Entgegengesetztes Verhalten der Muskeln be- sprechen Den Begriff G e g e n s p i e l e r deuten. Dias oder Film.	V. 10 D. 1 +V. 11 +F	U. G. M. U.
F 2.5.	5. Zusammenwirken von Muskeln, Sehnen und Knochen erläutern Auf Versuche und Dias bzw. Film bezug nehmen.		L. G.
V L	6. A. B. 3 ausfüllen lassen.	A. B. 3	A. U.

Raum für Notizen

Versuche zur Arbeitsweise der Muskeln

Male nach der Durchführung der Versuche in jeder Zeichnung den ange-
spannten Muskel rot und den erschlafften Muskel blau an.

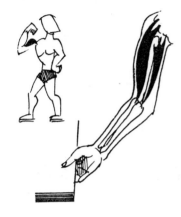

Drücke die Hand von unten an den Tisch
und fühle an der Vorder- und Rückseite des
Oberarmes die Muskeln.

Wenn Du den Arm von _unten_

an den Tisch drückst, arbeitet der

Beuger. Du spürst, der Muskel

wird _angespannt_ und

hart.

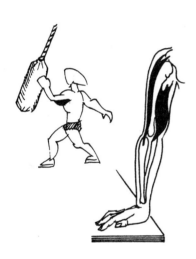

Drücke die Hand von oben an den Tisch
und fühle an der Vorder- und Rückseite des
Oberarmes die Muskeln.

Wenn Du den Arm von _oben_

an den Tisch drückst, arbeitet der

Strecker. Du spürst, der Muskel

wird _angespannt_ und

hart.

Du siehst auf den Zeichnungen, daß Muskeln durch _Sehnen_ an
benachbarten Knochen befestigt sind.
Ein Muskel arbeitet nur, wenn er sich _zusammenzieht_.
Gestreckt wird er durch einen anderen Muskel, seinen _Gegen =
spieler_. Zum Beispiel bilden _Beuger_ und
Strecker ein Paar und arbeiten wechselweise als _Gegen =
spieler_.

3. Stunde: MUSKELN, SEHNEN UND BÄNDER HALTEN UNSERE KNOCHEN
ZUSAMMEN

I. Unterrichtsziele

3.1. Körpergliederung in Kopf, Hals, Rumpf, Arme und Beine (Gliedmaßen)
nennen und am eigenen Körper zeigen können.

3.2. Angeben können, daß das Skelett beim Menschen und bei Tieren, die
Knochen besitzen (Wirbeltiere), Knochengerüst genannt wird.

3.3. Angeben können, daß das Armskelett aus Oberarmknochen, Unterarmknochen (Elle und Speiche), Handwurzelknochen, Mittelhandknochen und
Fingerknochen gebildet wird.

3.4. Die Gelenke des Armes angeben können (Schultergelenk, Ellenbogengelenk, Handgelenk und Fingergelenke).

3.5. Den Aufbau des Beinskeletts mit Gelenken angeben können (Hüftgelenk,
Oberschenkelknochen, Kniescheibe, Kniegelenk, Unterschenkelknochen,
Wadenbein und Schienbein, Fußgelenk, Fußwurzelknochen, Mittelfuß-
knochen, Zehengelenke, Zehenknochen).

3.6. Die für die Bewegungs- und Stützfunktion wichtigen Teile des Skeletts
benennen können (Schädel, Wirbelsäule, Schlüsselbein, Schulterblatt,
Becken).

3.7. Angeben können, daß Knochen den Körper stützen.

3.8. Angeben können, daß Bewegungen von der Zusammenarbeit von Muskeln,
Sehnen, Bändern und Knochen abhängen.

II. Unterrichtsmedien

V.9 Overheadprojektor und Folie zu A.B.4
P.1 Skelett
A.B.4 in Klassenstärke

III. Unterrichtsverlauf

Ziele	Operationen	Medien	Methoden
V, F 1.4. 2.4. 2.5.	1. Wiederholen		U.G.
V a 3.1.	2. Gliederung des Körpers erarbeiten Einzelne Körperteile am Schüler zeigen. Skizze mit Beschriftung an die Tafel.		U.G.
V, a, 3.2. 3.3. 3.4. 3.5. 3.6.	3. Unterricht am Skelett Das bereitgehaltene Skelett in die Klasse holen. Schülerfragen zum Skelett beant- worten. Teile des Skeletts benennen. +Hinweis auf ethymologische Bedeutung von Knochen geben, z.B. Elle, Atlas, Schlüs- selbein.	P.1	U.G. M.U. L.G.
L F 3.7. 3.8.	4. Funktion und Zusammenarbeit der Teile unseres Bewegungsapparates erläutern. Hinweis: Demonstrationsskelett ist durch Schrauben und Federn zusammengehalten! Frage: Befinden sich an unserem Skelett auch "Federn und Schrauben"? Bedeutung von Muskeln, Sehnen und Bändern für den Zusammenhalt der Knochen erarbei- ten.		U.G. L.G.
V 3.3. 3.4. 3.5. 3.6.	5. A.B.4 ausfüllen Beschriftung der Folie, die dem A.B. ent- spricht, gemeinsam mit den Schülern. Schü- ler übertragen die Ergebnisse in den A.B. +Wahlweise A.B.4 nochmals austeilen, um die übrigen Teile des Skeletts (außer Glied- maßenskelett) beschriften zu lassen.	A.B.4 O. V.9 A.B.4	U.G. A.U.

Raum für Notizen

Der menschliche Körper mit Skelett

Körpergliederung

Das Armskelett mit Gelenken

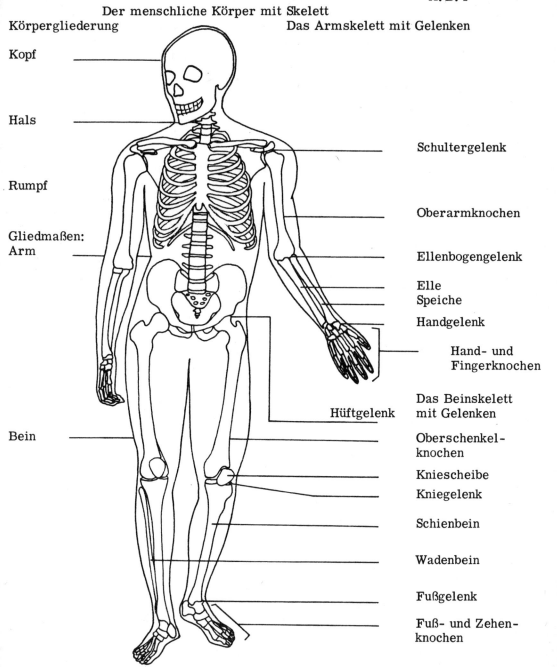

Kopf

Hals

Rumpf

Gliedmaßen:
Arm

Bein

Schultergelenk

Oberarmknochen

Ellenbogengelenk

Elle
Speiche

Handgelenk

Hand- und
Fingerknochen

Hüftgelenk

Das Beinskelett mit Gelenken

Oberschenkel-
knochen

Kniescheibe

Kniegelenk

Schienbein

Wadenbein

Fußgelenk

Fuß- und Zehen-
knochen

Die einzelnen Knochen des Körpers werden durch *Muskeln, Sehnen und Bänder* zusammengehalten.

4. Stunde: UNSER KÖRPER IST GELENKIG

I. Unterrichtsziele

4.1. Den Zusammenhang von Funktion und Bau eines Kugelgelenkes erklären können. (Das Gelenk besteht aus einem kugelförmigen Gelenkkopf und einer Gelenkpfanne; der Gelenkkopf kann sich in der Gelenkpfanne nach mehreren Richtungen bewegen.)

4.2. Bewegungsweise von Kugelgelenken in der Technik auf Gelenke des eigenen Körpers übertragen können.

4.3. Scharniergelenk als weiteres Beispiel für eine Gelenkform nennen können.

4.4. Einzelne Gelenkteile zu ihrer Aufgabe in Beziehung setzen können (besonders geformte Knochenenden ermöglichen bestimmte Bewegungsrichtungen; die Knochenenden werden vorwiegend durch Sehnen und elastische Bänder zusammengehalten; die Gelenkkapsel umhüllt die Gelenke von außen; die vom Knorpel abgegebene Gelenkschmiere vermindert die Reibung).

II. Unterrichtsmedien

M.2 Kugelgelenk aus der Technik, z.B. Tafelzirkel oder Stativ

M.3 Technisches Modell eines Kugelgelenkes (Kopf: Holzkugel mit Stab, Pfanne: Plastilinmasse)

P.4 Gelenk eines Tieres vom Schlachthof als Demonstrationsobjekt mit Muskel-, Bänder- und Sehnenansätzen

V.4 Präparierbesteck oder Messer, evtl. Schere

V.9 Overheadprojektor und Folie: Aufbau eines Gelenkes

A.B.5 in Klassenstärke

III. Unterrichtsverlauf

Ziele	Operationen	Medien	Methoden
B	1. Wirkungsweise eines Kugelgelenkes vorführen und erläutern Kugelgelenk, z.B. Tafelzirkel vorzeigen. Bewegungsmöglichkeiten demonstrieren.	M.2	M.U. D.E.
4.1. a A F	Modelle von Kugelgelenken austeilen. (Pfanne evtl. mit der Hand bilden lassen). Schüler verschiedene Bewegungsmöglichkeiten des Modells probieren lassen. Begriffe Gelenkkopf und Gelenkpfanne einführen, am Modell veranschaulichen, Funktion im Gespräch klären.	M.3	S.E. M.U. U.G.
V, T 4.2.	2. Weitere Beispiele für Kugelgelenke aus der Technik suchen z.B. Stativ, Kerzenhalter, Fernsehantenne.		U.G.
T, B, V L, a 4.2.	3. Kugelgelenke am eigenen Körper suchen Erkundung am eigenen Körper. Gelenke benennen (Schultergelenk, Hüftgelenk).		M.U. U.G.

60

Ziele	Operationen	Medien	Methoden
4.3. a A	4. **Scharniergelenk** als andere Gelenkart benennen Fingerglieder und Bein (im Kniegelenk) bewegen lassen (falls nicht schon bei 3. die unterschiedlichen Bewegungsrichtungen der Körperteile herausgefunden wurden). Scharniergelenk als eine andere Gelenkart angeben.		L.G.
V 4.1. 4.2.	5. Ausfüllen des A.B.5 oben.	A.B.5	A.U.
A V, F a 4.4. B T	6. Überleiten zum allgemeinen Aufbau aller Gelenkarten. Bau und Aufgabe der Teile eines Gelenkes erläutern. Impulsfrage: "Wie könnte man ein Gelenk untersuchen?" Tiergelenk vorzeigen. Den Gelenkaufbau (s. Folie) korrespondierend mit der Erarbeitung am Objekt an die Tafel zeichnen oder Overheadfolie zeigen und beschriften. Zur Veranschaulichung Vergleich mit der Technik ziehen. Gelenkschmiere - Fette und Öle an beweglichen Teilen bei Maschinen, elastische Bänder - Federn in der Technik.	P.4 V.4 V.9 O.	M.U. L.G.
V 4.4.	7. Ausfüllen des A.B.5 unten Bei Zeitmangel kann vollständig oder teilweise 6. (Tafelbild oder Folie beschriften) und 7. auch als 1. in der 5. Stunde durchgeführt werden.	A.B.5	A.U.

Raum für Notizen

Das Kugelgelenk

Beispiele
in der Technik

Tafelzirkel

Kamerastativ · *mehrere Richtungen*

am Körper

Oberarm (gelenk)

Oberschenkel · *mehrere Richtungen*
(Hüftgelenk)

Aufbau eines Gelenkes
(Auf dem Schülerarbeitsbogen fehlt diese Zeichnung. Sie ist von den Schülern selbst anzufertigen.)

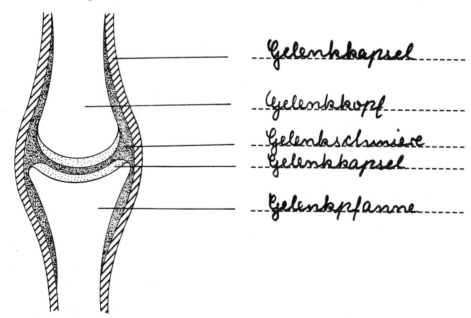

Gelenkkapsel

Gelenkkopf

Gelenkschmiere
Gelenkkapsel

Gelenkpfanne

Sehnen und Bänder halten die Knochenenden zusammen.

5. Stunde: UNSERE GLIEDMAßEN KÖNNEN VERLETZT WERDEN

I. Unterrichtsziele

5.1. Eigene Erfahrungen bzw. Beobachtungen bei Verletzungen von Gliedmaßen beschreiben können.

5.2. Angeben können, daß zu starke Belastung Verletzungen von Knochen, Gelenken, Muskeln, Knorpel, Sehnen und Bändern verursacht.

5.3. Die Art der Verletzungen beschreiben können (Knochenbruch; Verstauchung: der Gelenkkopf ist aus der Gelenkpfanne gesprungen, aber kehrt wieder zurück; Verrenkung: der Gelenkkopf ist aus der Gelenkpfanne gesprungen und kehrt nicht mehr von selbst in die Gelenkpfanne zurück; Riß: durch übermäßige Beanspruchung können Muskel-, Sehnen-(Achillessehne), Bänderriß und Meniskusschäden entstehen).

5.4. Verhaltensregeln bei Verletzungen nennen können (Gliedmaßen sind ruhig zu stellen, viele Verletzungen können nur vom Arzt erkannt werden).

5.5. Angeben können, daß durch falsches Zusammenheilen der verletzten Teile langandauernde Schäden (Spätschäden) entstehen können.

5.6. Mögliche ärztliche Maßnahmen nennen können (Wundbehandlung, Röntgenaufnahme, Narkose, Einrenken, Gipsverband, Nachbehandlung).

II. Unterrichtsmedien

V.10 Diaprojektor
D.2 Dia: Röntgenbild eines gebrochenen Armes
P.2 Armskelett
A.B.6 in Klassenstärke
Lehrerinformation 1

III. Unterrichtsverlauf

Ziele	Operationen	Medien	Methoden

4.1.
4.4.
V, a
 	
M
	1. Wiederholung
	   Ergebnisse zusammenfassen.
	   Falls Op. 6 und 7 der 4. Stunde nicht durchge-
	   führt wurden, Gelenkaufbau auf der Folie be-
	   schriften lassen.
	   A.B.5 unten ausfüllen.
		
		A.B.5
			U.G.
			
			A.U.
			
			U.G.

B	2. Dia (gebrochener Arm) zeigen Dia ohne Kommentar vorführen.	V.10 D.2	M.U.

V
a
5.1.
	3. Schüler äußern sich dazu.
	   Schüler berichten über eigene Verletzungen;
	   dabei herausstellen lassen, wie es zu den Ver-
	   letzungen kam.
			S.G.

5.2.
5.3.
L
 	
T
A, S
	4. Verschiedene Gliedmaßenverletzungen
	   besprechen (s. Lehrerinformation 1)
	   Verletzungen kennzeichnen lassen, ggf. Be-
	   richte ergänzen.
	   Verletzungen am Armskelett demonstrieren.
	   Verrenkung und Auskugeln gleichsetzen.
	   Die Verletzungsmöglichkeiten an der Tafel
	   notieren.
	   Meniskus- und Achillessehnenriß als Beispiele
	   nennen, falls die Schüler diese Verletzungen
	   nicht nannten.
	   Bewußtmachen, daß man bei solchen Verletzun-
	   gen oft wenig von außen erkennt.
		
		P.2
			U.G.
			
			L.G.
			M.U.
			U.G.
			
			L.G.

U
k, s
5.4.
5.5.
	5. Verhaltensweisen bei Armverletzungen zusam-
	   menstellen
	   Schüler auf vernünftiges Verhalten bei Unfäl-
	   len vorbereiten.
	   Auf Erste-Hilfe-Kurs hinweisen.
			U.G.

U
l
5.6.
	6. Mögliche Maßnahmen des Arztes nennen las-
	   sen
	   Verschiedene Möglichkeiten bei der ärztlichen
	   Behandlung aufzeigen, um durch dieses Be-
	   wußtmachen Angstvorstellungen abzubauen.		

V, L
5.2.
5.3.
	7. A.B.6 ausfüllen.
	
	8. Hausaufgabe stellen
	   Die Schüler sollen ihre Körpergröße morgens
	   und abends messen und notieren (möglichst
	   2-3 Tage lang).
		A.B.6	A.U.

Verletzungen

Verrenkung

Man sagt auch, jemand hat sich den Arm _____ausgekugelt_____ .

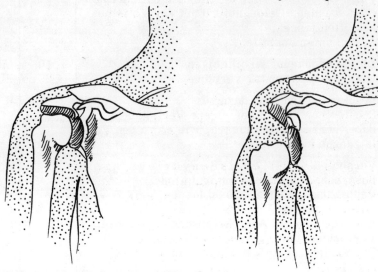

Was ist bei der Verrenkung geschehen?

Der Gelenkkopf des Oberarmes ist aus der Gelenkpfanne vom Schulterblatt und Schlüsselbein gesprungen.

Verstauchung

Glücklicherweise geschieht es selten, daß sich jemand den Arm verrenkt (Armbrüche sind 10 mal so häufig!).
Häufiger verstaucht man sich ein Gelenk. Was geschieht dabei?

Der Gelenkkopf springt aus der Gelenkpfanne, kehrt aber sofort in die ursprüngliche (alte) Lage zurück.

Andere Verletzungen

Knochenbruch, Muskelriß, Bänderriß, (Achilles -) Sehnenriß, Meniskusschäden

Sehnenriß

Muskelkraft und Umfang wachsen durch Training; Sehnen werden dagegen bei ausgewachsenen Menschen nicht mehr kräftiger oder dehnungsfähiger. Auf die Sehnen wirkt daher bei zunehmender Muskelkraft immer größere Spannung. Die Sehne kann reißen. Besonders gefährdet ist oft die fingerdicke Achillessehne, die den Wadenmuskel mit dem Fersenbein verbindet.

Verletzungen der Achillessehne

Der Riß der Achillessehne ist eine neuerdings häufigere Sehnenverletzung, die besonders oft im Sport auftritt. Meistens ereignet sie sich bei 40- bis 50-jährigen, aber gerade bei sportlicher Betätigung kann sie schon in sehr viel jüngerem Alter reißen.

Man kann die Verletzungen der Achillessehne nach ihrem Gesundheitszustand in zwei Gruppen einteilen:
1. Risse bei gesunden Achillessehnen:
Durch die hohe Reißfestigkeit der Sehnen (Tragfähigkeit etwa 10 kp $\approx$ 100 N pro mm Durchmesser; Achillessehne maximal 400 kp = 8 Ztr. $\approx$ 4000 N!) bedingt, dürfte ein Riß der Sehne selbst äußerst selten vorkommen. Bei hoher Beanspruchung reißt sie an ihren schwächsten Stellen, am Übergang zur Muskulatur oder am Knochenansatz.

Derart extreme Belastungen können z. B. beim Skisport bei Frontalstürzen durch Beschleunigung, Gewicht des Skifahrers und langen Hebelarm auftreten, wenn der Skistiefel nicht von der Bindung freigegeben wird. Tatsächlich ereignet sich diese sogenannte traumatische Sehnenruptur in dem Zusammenhang am häufigsten.

2. Risse einer degenerativ veränderten Achillessehne:
Diese Verletzungsart ist von der Häufigkeit her gesehen der Normalfall, da selbst bei vielen aktiven Sportlern die Sehne bereits degenerativ verändert ist und dann schon bei sehr viel geringeren Belastungen reißt.

Eine solche Veränderung an der Sehne kann z. B. durch das Eindringen von Bluteiweißkörpern in die Fibrillen oder über eine fettige Degeneration entstehen.

Im ersten Fall wird der pH-Wert verändert (lokale Azidose). Durch Permeabilitätsstörungen der Kapillaren können die Bluteiweißkörper eindringen, was in der Sehne zur Bildung von Fibrinoiden führt.

Im zweiten Fall werden bei hoher Beanspruchung der Sehne feinste Lipoidteilchen an die Fibrillen angelagert (in einzelnen Fällen schon bei 20-Jährigen nachgewiesen). Dieser Vorgang führt im Laufe der Alterung zu einer Sehnenverfettung, die dem Grad der Arteriosklerose entspricht. (Nach J. Eichler: Spontanrupturen der Sehne, Orthopädische Praxis 10/VII, 1971).

Menisken

Menisken sind C-förmige Knorpelscheiben, die innen und außen am Kniegelenk (es gibt sie aber auch an anderen Gelenken, sogar an den kleineren Winkelgelenken, wo sie uns auch Kummer bereiten können) eingelagert bzw. angewachsen sind. Sie dienen einmal der stärkeren Höhlung der sehr flachen Ge-

lenkpfannen, dann auch als Puffer und schließlich als eine Art Führungs-
schienen bei der Bewegung, wobei sie selbst eine geringe Eigenbeweglichkeit
besitzen.

Werden Sie nun beim Sport verletzt - neunmal so häufig ist es der innere,
nicht der äußere Meniskus, vor allem deshalb, weil er mit dem Seitenband
so gut wie verwachsen ist -, kommt es zu Ein- und Abrissen. Nun erhebt
sich für den Arzt die Frage, ob er mit konservativen Methoden, in erster
Linie einer längeren Ruhigstellung, auskommt, oder ob er eine operative
Entfernung vornehmen muß. Das Letztere ist dann der Fall, wenn eine
Sperrung des Gelenks durch im Gelenkinneren flottierende und sich einklem-
mende Knorpelstücke erfolgt.

Es gibt eine Reihe erstklassiger Fußballspieler, die nach einer operativen
Meniskusentfernung wieder ihre volle Leistungsfähigkeit erlangt haben
(aus Adolf Metzner: "Wie gefährlich ist der Sport?" in U. Schultz (Hrsg.):
Das Große Spiel, Aspekte des Sports in unserer Zeit; 1965, S. 85 ff.,
Fischer).

6. Stunde: DIE BEWEGUNG UNSERES RUMPFES

I. Unterrichtsziele

6.1. Den Namen Wirbelsäule erklären können.

6.2. Beschreiben können, daß die Wirbelsäule mehrfach gebogen ist.

6.3. Den Bau der Wirbelsäule beschreiben können (Wirbelsäule besteht aus Wirbelknochen und Bandscheiben - Wirbel weisen nach hinten Dorn- und Gelenkfortsätze auf - Wirbel bilden den Wirbelkanal - Bänder und Muskeln ziehen an den Wirbeln).

6.4. Von den möglichen Bewegungen der Wirbelsäule das unterschiedliche Ausmaß der Beugungsmöglichkeit nach vorn und hinten aus der Anatomie und Funktion der einzelnen Teile erklären können (Fortsätze und Bänder schränken die Bewegung nach hinten ein - Bandscheiben und Gelenke an den Wirbeln bestimmen die Bewegungsmöglichkeit).

6.5. Angeben können, daß das Rückenmark im Wirbelkanal liegt und mit dem Gehirn verbunden ist.

6.6. Angeben können, warum die Wirbelsäule nur begrenzt beweglich sein kann (Achse des Körpers, Verlauf des Rückenmarks im Wirbelkanal).

II. Unterrichtsmedien

P.1 Menschliches Skelett
M.4 Modelle eines Ausschnittes aus der Wirbelsäule mit Rückenmark und Bandscheiben
M.5 Holzmodelle
A.B.7 in Klassenstärke

Anmerkung zu M.5:
In zwei Modellen werden durchbohrte Besenstielscheiben (≙ Wirbelkörpern) mit Draht zusammengehalten. Dazwischen liegen in dem einen Modell noch Schaumgummischeiben (≙ Bandscheiben).

III. Unterrichtsverlauf

Ziele	Operationen	Medien	Metho-den
B a, k 6.4.	1. Versuche durchführen Die Schüler auffordern, auszuprobieren, in welche Richtungen sie den Rumpf bewegen können (Knie durchdrücken, Hände auf die Hüften legen): Rumpfbeugen nach vorn, Rumpfbeugen nach hinten.		S.E.
V s P	2. Beobachtungen auswerten Die unterschiedliche Beugefähigkeit der Wirbelsäule nach vorn und hinten herausstellen lassen. Dazu Vermutungen äußern lassen.		U.G.

Ziele	Operationen	Medien	Methoden
a, k B, P s	3. Erkundung am Körper durchführen Vermutungen durch Beobachtungen am Körper oder am Skelett überprüfen lassen.	 P. 1	S. E. M. U.
6. 3. 6. 4. B, F	4. Beobachtungen auswerten Am Skelett demonstrieren, daß eine beliebige Beweglichkeit nach hinten ausgeschlossen ist. Fortsätze schränken die Bewegungsfreiheit der Wirbelsäule nach hinten ein.	 P. 1	U. G.
  F 6. 1. 6. 2. 3. 2. V, S F, B 6. 3. 6. 5. L, T 6. 4.	5. Funktion und Bau der Wirbelsäule erarbeiten Den Namen Wirbelsäule erläutern Gesamtform der Wirbelsäule schematisch an die Tafel zeichnen lassen (nach dem Skelett). Vertiefung: Lebewesen mit Wirbelsäule hei- ßen Wirbeltiere. Beispiele nennen lassen. Funktion der einzelnen Teile der Wirbelsäule erarbeiten. Wirbelmodelle (wenn keine Wirbel vorhanden) austeilen, gemeinsames Untersuchen der Mo- delle und Benennen der einzelnen Teile. Holzmodelle zur Veranschaulichung der Be- deutung der Bandscheiben austeilen. Die Wirkung der Bandscheiben ausprobieren lassen. Beobachtungen der Modelle und der Hausauf- gabe (Körpergröße morgens und abends mes- sen) auswerten.	 P. 1 M. 4 M. 5	 U. G. M. U. L. G. M. U.
F 6. 6. L	6. Zusammenfassung Die begrenzte Bewegungsmöglichkeit der Wir- belsäule angeben und deuten.		U. G.
V	7. A. B. 7 ausfüllen.	A. B. 7	A. U.

Raum für Notizen

Die Wirbelsäule besteht aus einzelnen Teilen.

Neben der vereinfacht dargestellten Wirbelsäule siehst Du einen Ausschnitt.
Beschrifte die Zeichnungen und male das Rückenmark gelb an.

Wirbel von der Seite

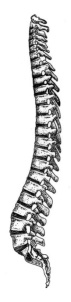

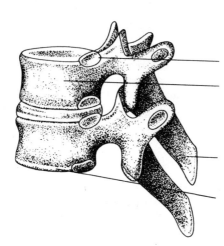

Rückenmark

Wirbel (-körper)

Dornfortsatz

Bandscheibe

Wirbel von oben

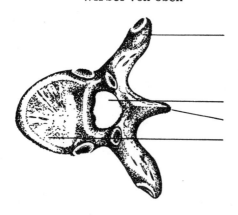

Querfortsatz

Wirbelkanal
Dornfortsatz
Wirbel (-körper)

7. Stunde: DAS GEHIRN STEUERT UNTER ANDEREM AUCH UNSERE WILL-KÜRLICHEN BEWEGUNGEN

I. Unterrichtsziele

7. 1. Beispiele für willkürliche Bewegungen nennen können (z. B. Ball fangen, Hinwenden des Ohres bei Geräuschen).

7. 2. An Auslösung und Ablauf der willkürlichen Bewegung beteiligte Körperbereiche angeben können: Auge, Gehirn, Rückenmark und Nerven (Empfindungs- und Wirkungsbahnen), Muskeln.

7. 3. Bei einer willkürlichen Bewegung die Funktion der Organe kennzeichnen und den Ablauf beschreiben können (Auge nimmt Reiz auf, Empfindungsnerv leitet Meldung zum Gehirn, Befehl zur Bewegung kommt vom Gehirn und wird über das Rückenmark und die Wirkungsbahn zum Muskel geleitet - der sich zusammenziehende Muskel hebt den Arm).

7. 4. Angeben können, daß Bewegungen wie Springen, Laufen, Fangen durch unseren Willen verändert werden können (z. B. in ihrer Richtung und Stärke).

7. 5. Begriffe Kopf, Schädelkapsel, Gehirn differenziert gebrauchen können.

7. 6. Angeben können, daß das Gehirn über das Nervensystem (z. B. Rückenmark, Augennerven) mit anderen Körperteilen in Verbindung steht (Austritt durch Schädelöffnungen).

7. 7. Vorteile der geschützten Lage des Gehirns nennen können.

7. 8. Angeben können, daß Auge, Nerven, Gehirn, Rückenmark, Muskeln und Knochen bei den Bewegungen zusammenarbeiten.

II. Unterrichtsmedien

V. 5 Zwei verschiedenfarbige Gegenstände, z. B. Bälle
V. 6 Zwei Kartons
V. 9 Overheadprojektor und Folie zu A. B. 9
+V. 8 Flanell- (Filz) Tafel mit Haftmaterial
P. 3 Schädel oder Schädelmodell
A. B. 8 und A. B. 9 in Klassenstärke

III. Unterrichtsverlauf

Ziele	Operationen	Medien	Methoden
R e	1. Versuch durchführen Unter die umgedrehten Kartons jeweils einen farbigen Gegenstand (z. B. roten und blauen Ball) legen. Ein Schüler erhält die Aufforderung, beim Anheben des Kartons z. B. nur nach dem roten Ball zu greifen.	V. 5 V. 6	D. E.
V 7. 2.	2. Versuch auswerten "Welche Teile unseres Körpers haben bei diesem Versuch gearbeitet?" Schüler nennen die ihnen bekannten Teile. Begriff "Reizaufnahme" einführen, Empfindungs- und Wirkungsbahn unterscheiden.		U. G. L. G.
L, T 7. 1. 7. 4.	3. Beobachtungen überprüfen Versuch durch andere Beispiele erweitern.		U. G.
S, 1 7. 4.	4. Begriff willkürliche Bewegung einführen Entscheidungsfreiheit herausstellen.		U. G.
F, B 7. 5. 6. 5. 7. 6. 7. 7.	5. Lage des Gehirns feststellen Öffnungen an der Schädelkapsel zeigen. Hinweis geben, daß durch diese Öffnungen Nerven laufen (z. B. Augennerven). Ausfüllen des A. B. 8.	P. 3 A. B. 8	L. G. A. U.
L 7. 3. 7. 8.	6. Den Ablauf einer willkürlichen Bewegung verfolgen Ausfüllen des A. B. 9. Parallel zur Besprechung der Overheadfolie ausfüllen.	A. B. 9 V. 9 O.	M. U. A. U. U. G.
V, a, L 7. 3. 7. 8.	7. Wiederholen Ablauf der willkürlichen Bewegung durch Schüler wiederholen lassen +mit Hilfe der Flanelltafel.	+V. 8	M. U. U. G.

Das Gehirn steuert unter anderem auch unsere Bewegungen.

Lage des Gehirns im Schädel
(Schädelkapsel aufgeschnitten gezeichnet):

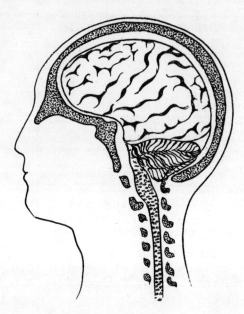

Male die Zeichnung aus:

Dunkelblau: Schädelkapsel (Knochen)
Hellblau   : Wirbel (Knochen)
Gelb   : Gehirn und Rückenmark

Unterscheide Kopf, Schädel und Gehirn

Der Kopf ist ein Körperteil.
Der Schädel liegt im Kopf und besteht aus
Knochen. Die Knochen schützen das leicht=
verletzliche Gehirn vor Beschädigungen.

Die willkürliche Bewegung

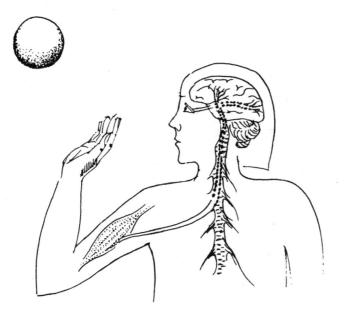

Du findest in dieser Zeichnung die verschiedenen Organe angedeutet, die bei einer willkürlichen Bewegung zusammenarbeiten.
Kennzeichne durch eine rote Linie den Ablauf der willkürlichen Bewegung.

Beschreibe die Auslösung und den Ablauf bei einer willkürlichen Bewegung:

1. Mit Hilfe des Auges sehe ich den Ball,

2. der Empfindungsnerv leitet diese Meldung vom Auge zum Gehirn.

3. Mit Hilfe des Gehirns entscheide ich, und das Gehirn gibt Befehl zum Greifen.

4. Rückenmark und

5. der Wirkungsnerv leiten den Befehl,

6. der Muskel hebt den Arm.

8. Stunde: DIE UNWILLKÜRLICHE BEWEGUNG

I. Unterrichtsziele

8.1. Beispiele für Reflexe nennen können (z.B. Kniesehnen-, Lidschlußreflex, Niesen).

8.2. Reflexbewegungen als unwillkürliche Bewegungen bezeichnen können.

8.3. An Auslösung und am Ablauf der unwillkürlichen Bewegung beteiligte Körperbereiche angeben können: Sinnesorgane in der Haut[+], Rückenmark und Nerven (Empfindungs- und Wirkungsbahn), Muskeln.

8.4. Bei einer unwillkürlichen Bewegung der Gliedmaßen die Funktion der Organe kennzeichnen und den Ablauf beschreiben können. (Sinnesorgane in der Haut nehmen die Reize auf, Empfindungsbahn leitet Meldung zum Rückenmark, Befehl zur Bewegung wird aus dem Rückenmark über Wirkungsbahn zu Muskeln weitergeleitet; der sich zusammenziehende Muskel hebt den Arm.)

8.5. Angeben können, daß der eigene Wille Reflexe nicht völlig unterdrücken kann.

8.6. Willkürliche und unwillkürliche Bewegung unterscheiden können. (Sinnesorgane, Nerven, Rückenmark, Gehirn, Muskeln und Knochen arbeiten bei allen Bewegungen zusammen; bei der willkürlichen Bewegung beeinflußt der Wille die Ausführung der Bewegung, bei der unwillkürlichen Bewegung kann der Wille die Ausführung der Bewegung nicht völlig unterdrücken.)

II. Unterrichtsmedien

+V.8 Flanelltafel mit Haftmaterial
V.7 Zwei gleichaussehende Bügeleisen oder zwei Metallplatten
V.9 Overheadprojektor und Folie zu A.B.10
A.B.10 und A.B.11 in Klassenstärke

[+] Die Sinnesbereiche in der Haut stellen ein Teilsystem der Haut dar.

III. Unterrichtsverlauf

Ziele	Operationen	Medien	Methoden
S a 7.3. 7.8.	1. Wiederholen (willkürliche Bewegung) + Wettbewerb: Einen Schüler den Ablauf an der Flanelltafel, einen anderen Schüler den Ablauf an der Tafel fixieren lassen.	+V.8	M.U. U.G.
a	2. Eine Reflexbewegung demonstrieren Der Lehrer zeigt zwei gleich aussehende Bügeleisen (oder Metallplatten), die aber unterschiedliche Temperatur (heiß und kalt) aufweisen. Einen Schüler die Bügeleisen anfassen lassen.	V.7	D.E.
L, P 8.3. 6.5.	3. Versuch auswerten Beteiligte Teile des Körpers beim Ablauf der Reflexbewegung nennen lassen, ungenannte Teile ergänzt der Lehrer.		U.G.
A, V 8.2.	4. Begriff Reflexbewegung einführen Die Begriffe unwillkürliche Bewegung ≙ Reflexbewegung finden lassen.		L.G.
V T 8.4.	5. Den Ablauf einer Reflexbewegung erarbeiten A.B.10 parallel zur Besprechung der Overheadfolie ausfüllen. + Arbeit an der Flanelltafel (neben dem Ergebnis der Wiederholung).	A.B.10 V.9 O.	A.U. U.G. M.U.
V L 8.1. 8.5.	6. Beobachtungen ergänzen Andere Beispiele für Reflexbewegungen nennen lassen.		U.G.
S 8.6.	7. Willkürliche und unwillkürliche Bewegung gegenüberstellen Das Wort Sinnesorgan für das Auge und Teilbereiche der Haut einführen. + Arbeit mit der Flanelltafel.		U.G. M.U.
L	8. Ausfüllen des A.B.11.	A.B.11	A.U.

Die unwillkürliche Bewegung

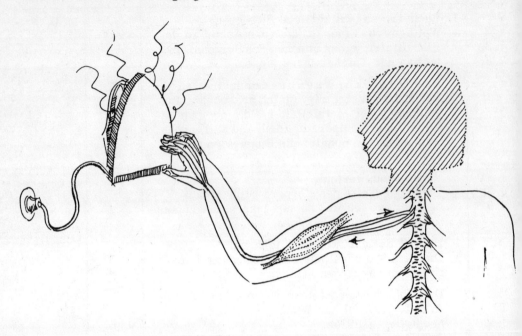

Du findest in dieser Zeichnung die verschiedenen Organe angedeutet, die bei einer unwillkürlichen Bewegung zusammenarbeiten.

Kennzeichne durch eine rote Linie den Ablauf der unwillkürlichen Bewegung.

Beschreibe die Auslösung und den Ablauf der unwillkürlichen Bewegung:

1. Mit Hilfe des Sinnesorgane in der Haut fühle ich die Hitze.
2. Der Empfindungsnerv leitet diese Meldung von den Sinnesorganen des Haut zum Rückenmark,
3. das Rückenmark und
4. der Wirkungsnerv leiten den Befehl,
5. der Muskel bewegt den Arm.

Vergleiche willkürliche und unwillkürliche Bewegung

Trage die Benennung der beteiligten Organe in die Kästchen und auf den Pfeilen ein.

Fangen eines Balles

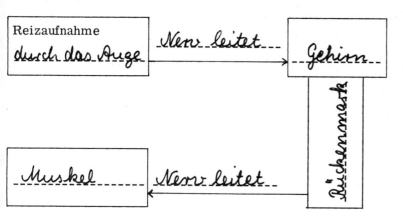

| Reizaufnahme durch das Auge | Nerv leitet → | Gehirn |

Rückenmark

| Muskel | ← Nerv leitet |

Bei der willkürlichen Bewegung kann der Wille die Bewegung unterdrücken und verändern, z.B. in ihrer Richtung und Stärke.

Zurückzucken von einem heißen Bügeleisen

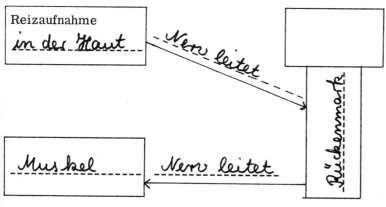

| Reizaufnahme in der Haut | Nerv leitet → |

Rückenmark

| Muskel | ← Nerv leitet |

Bei der unwillkürlichen Bewegung kann der Wille die Ausführung der Bewegung nicht völlig unterdrücken.

9. Stunde: WIR KÖNNEN HALTUNGSSCHWÄCHEN BEEINFLUSSEN

I. Unterrichtsziele

9.1. Die Begriffe "Haltungsfehler", "Haltungsschwäche" und "Haltungsschäden" unterscheiden und erklären können.

9.2. Rund- und Schiefrücken als Haltungsschwächen kennzeichnen können.

9.3. Ursachen von Haltungsschwächen angeben können (Muskel- und Bänderschwäche - Bewegungsmangel - gewohnheitsmäßige Fehlbelastungen, z.B. durch einseitiges Tragen schwerer Lasten - Haltungsfehler während der Kindheit und Jugend).

9.4. Auswirkungen von Haltungsschwächen auf den Körper nennen können (Schäden an Bandscheiben, Wirbelkörpern und am Nervensystem).

9.5. Angeben können, daß Haltungsschwächen durch geeignete Verhaltensweisen beeinflußbar sind (Vermeidung von Haltungsfehlern - vielseitige körperliche Betätigung - auf Kräftigung geschwächter Muskelgruppen ausgerichtete Bewegungsübungen).

9.6. Die Rolle des Sportes für die Gesunderhaltung kritisch abwägen können (Sportliche Betätigung nach individueller Neigung und Fähigkeit kann eine Über- und Unterforderung des Körpers vermeiden.)

II. Unterrichtsmedien

V. 10 Diaprojektor
D. 3 Dias
M. 4 Modelle eines Ausschnittes aus der Wirbelsäule mit Rückenmark und Bandscheiben
A. B. 12 in Klassenstärke
Lehrerinformation 2

III. Unterrichtsverlauf

Ziele	Operationen	Medien	Methoden
V 8.6. 6.5. 6.6.	1. Wiederholung		U.G.
B a, k	2. Haltungsschwächen darstellen lassen Lehrer oder vorher informierte Schüler zeigen vor der Klasse Haltungsfehler, die zu Haltungsschwächen führen können (Rundrücken: Stehen an zu niedrigem Tisch bzw. auf einem Tisch sitzen - Schiefrücken: Tragen einer schweren Schultasche).		D.E.
V 9.2.	3. Beobachtungen auswerten Schüler äußern sich. Verschiedene Haltungsschwächen benennen und kennzeichnen lassen.		U.G.
F, k 9.4.	4. Dias über Haltungsschwächen zeigen Folgen von Haltungsschwächen erkennen lassen. Am Wirbelmodell veranschaulichen, wie eine krankhafte Verkrümmung der Wirbelsäule sich auf das Nervensystem und die Bandscheiben auswirkt (Einklemmen von Nerven; Verformung und Verlagerung von Bandscheiben).	V.10 D.3 M.4	M.U. U.G.
S, V 9.1.	5. Begriffe unterscheiden Haltungsfehler, Haltungsschwäche und Haltungsschäden gegenüberstellen lassen, ggf. ergänzen (siehe Lehrerinformation 2).		L.G.
9.3. L, U	6. Gründe für Haltungsschwächen zusammentragen Verschiedene Ursachen nennen lassen. Den Schülern bewußt machen, daß Haltungsschwächen auch bei ihnen auftreten können.		U.G.
U 9.5.	7. Maßnahmen aufzeigen, um Haltungsschwächen vorzubeugen oder zu bessern Schülerberichte evtl. ergänzen.		
U s, k 9.6.	8. Über- und Unterforderung gegenüberstellen Kurzen Bericht von einem Leistungssportler (Berufssportler) als Beispiel für Überforderung geben (siehe Lehrerinformation 2). Schüler äußern sich zu den Berichten. Beispiele für Folgen einer körperlichen Unterforderung nennen lassen (Verfettung, Kreislaufschäden, Haltungsschwäche).		L.G. U.G.
F 9.2. 9.3. 9.5.	9. A.B.12 ausfüllen lassen.	A.B.12	A.U.

Haltungsschwächen

	Welche Haltungs-schwächen können gefördert werden?	Wie kann man sie verhindern?

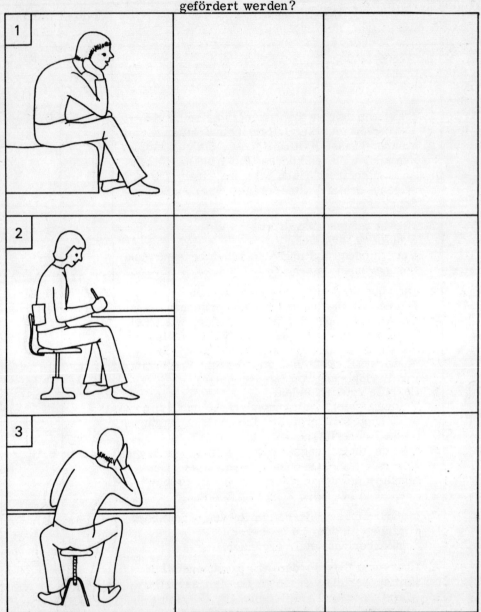

Kennzeichne die Person mit normaler Haltung durch ein Kreuz. Haltungs-schwächen werden durch __*Muskelschwäche*__ und __*Bänder-schwäche*__ hervorgerufen und durch __*Bewegungsmangel*__ und __*Haltungsfehler*__ verstärkt. Welche Möglichkeiten gibt es, Hal-tungsschwächen zu beseitigen?

__*Haltungsfehler vermeiden, sich vielseitig sportlich betätigen*__

Bericht 1

Mit sieben Jahren wurde Ulrike Weyh in den Turnverein geschickt. Mit neun war sie Jugendmeisterin, mit 13 kam sie ins Elite-Internat des Deutschen Turner-Bundes nach Frankfurt, dann Nationalriege, Olympia-Teilnahme in München, Traumreisen ins Ausland, zweitbeste deutsche Turnerin. Jetzt, mit 16, ist Ulrike als Sportinvalide ins Elternhaus zurückgekehrt, eines von vielen Opfern des Leistungssports.

Ulrike Weyh wird ihr Leben lang schwere körperliche Schäden behalten. Mit dem Turnen ist es für immer vorbei. 8000 Stunden hat sie in neun Jahren trainiert.

"Wir können das alles nicht begreifen", sagt die Mutter Erika Weyh. "Ulrike war immer so gesund, die Schmerzen kamen erst in diesem Jahr." In den Händen hält sie ein Schreiben des Freiburger Sportmediziners Dr. Armin Klümper. Der Wortlaut des Befundes:"Die linke Beckenhälfte steht höher als die rechte - der Beckenschiefstand ist deutlich sichtbar. In den Gelenkspalten ist eine Verbreiterung festzustellen. Die Untersuchung hat ferner eine Schiefstellung der Hüftgelenke ergeben. Eine Beeinträchtigung der Lendenwirbelsäule erzeugt Druckschmerz."

Diese kühle Diagnose wirkt sich bei der 16jährigen Ulrike Weyh vorerst so aus: Damit ihr das Gehen leichter fällt, muß sie am rechten Fuß Schuhe mit eineinhalb Zentimeter höherem Absatz tragen. Um soviel ist das rechte Bein kürzer. Wenn sie sich normal bewegt, sagt sie, spürt sie keine Beschwerden. Aber als sie einige Übungsteile vorturnen will, greift sie mit beiden Händen in den schmerzenden Rücken.

Wo der kritische Punkt bei jungen Turnerinnen liegt, erforschte Dr. Maximilian Knobling, ein Orthopäde mit langjähriger Erfahrung in der Sportmedizin. Er untersuchte als Assistent an der Universitätsklinik Erlangen achtzig Leistungsturnerinnen: Bei jeder dritten fanden sich seitliche Wirbelsäulenverbiegungen. Dafür will Dr. Knobling das Turnen aber nicht verantwortlich machen, weil Reihenuntersuchungen an vielen hundert Schulkindern, die keinen Hochleistungssport betreiben, einen etwa gleichen Prozentsatz ergaben. Doch auf den Röntgenbildern machte der Arzt eine Entdeckung,die er besorgniserregend nennt: Viele Spitzenturnerinnen leiden unter Wirbelgleiten (Spondylolisthesis). Von den Anfängerinnen, die erst zwei Jahre trainierten, hatten nur vier Prozent diesen Schaden. Das entspricht der Häufigkeit bei der Normalbevölkerung. Doch bei den Turnerinnen, die vier und mehr Jahre Hochleistungstraining hinter sich hatten, krankten 33 Prozent an Wirbelgleiten - Dr. Knobling führt das auf die Belastungen beim Spitzenturnen zurück. Dieser Nachweis ist sonst kaum möglich, weil die meisten Turnerinnen zu Beginn ihrer Trainingtätigkeit nicht auf vielleicht schon vorhandene Defekte untersucht worden sind.

Beim Wirbelgleiten verschiebt sich meistens der fünfte Lendenwirbelkörper nach vorn, weil es zwischen dem oberen und dem unteren kleinen Wirbelgelenk auf beiden Seiten zu einem Ermüdungsbruch gekommen ist. Auf dieser geschwächten Stelle ruhen aber 58 Prozent des Körpergewichts. Die Belastung wird viel größer, wenn eine Turnerin, zum Beispiel beim Spagat oder bei Bogengängen (Überschläge rückwärts), in die extreme Hohlkreuzstellung geht.

Eine Turnerin macht in einem dreistündigen Training etwa hundert Bogengänge und Spagate. In fünf Jahren sind das 150 000. Dabei wird jedesmal ein ganz kleines Stück der Wirbelsäule extrem belastet. Jeder Laie kann sich ausmalen, wie diese unnatürliche, extreme Belastung sich auf das unreife, noch wachsende Skelett eines jungen Mädchens auswirken muß. Abschreckendes Beispiel ist eine ehemalige deutsche Meisterturnerin, die sich nur noch im Rollstuhl bewegen kann.

Stern Magazin, 49/73, 29.11.1973

Bericht 2

"Mit Meniskus-Schäden haben wir bei Fußballspielern am meisten zu tun", stellte Eintracht Braunschweigs Mannschaftsarzt fest. Nach einer vorläufigen Übersicht litt oder leidet allein in der Bundesrepublik von etwa 2150 Spielern der Regional- und Bundesliga nahezu jeder dritte an kranken Knorpeln im Knie.

Der Spiegel 51/70, 14.12.1970

Als gute Erweiterung für die Behandlung der Problematik des Leistungssports eignet sich die folgende Tonbildreihe:

Steyl tonbild, München 70, Dauthenday Str. 25, Reihe 141: Sport - Luxus oder lebenswichtig, 80 Farbdias, 35 min. Laufzeit, Preis 130, -- DM + 5,5% Mwst.
Besonders in der ersten Hälfte der Reihe werden weitere Informationen für das Lernziel 9.6 und die Operation 9.8 gegeben.

Haltung - Haltungsschwäche - Haltungsschaden

Wegen der in folgendem zu belegenden Bedeutung von Haltungsstörungen in unserer Bevölkerung scheint es notwendig, trotz der auch in der Fachliteratur immer wieder betonten Schwierigkeiten der Begriffsdefinitionen und der eindeutigen Abgrenzung der verschiedenen Haltungsstörungen gegeneinander eine grobe Beschreibung der oben genannten Begriffe zu geben und ihnen andere auch gebräuchliche zuzuordnen.

"Als "Haltung" bezeichnet man die vom Organismus selbst gehaltene Stellung. Die gute Haltung ist die Ausgewogenheit zwischen der eigenen Spannkraft und der auf den Körper einwirkenden Schwerkraft. Überwiegt die Schwerkraft, dann sinkt der Körper - grob gesagt - in sich zusammen, es kommt zur schlechten Haltung und als weitere Folge zur Haltungsschwäche. Der gesamte aktive und passive Bewegungsapparat (Muskel, Bänder, Sehnen, Knorpel, Knochen) kann bei diesem Vorgang mehr oder weniger betroffen sein"(Lehrbuch des Schulsonderturnens, 1972).

Von den Haltungsschwächen heben sich die Haltungsschäden ab, die nach dem gleichen Lehrbuch des Schulsonderturnens entstehen, "wenn durch zunehmende Fehlbelastung und Schwerpunktverschiebung, durch stärkere Verkürzung und Dehnung des Halteapparates (Muskeln und Bänder) der ursprünglich noch aktiv ausgleichbare Zustand nur noch passiv zu beheben ist bzw. sich gänzlich fixiert. "

In der orthopädischen Literatur werden die Haltungsstörungen häufig in drei Gruppen differenziert, von denen nur die dritte Gruppe als die der manifesten schweren und vollständig fixierten Wirbelsäulenverkrümmungen klar abgrenzbar ist (d. h. durch nachweisbare Veränderungen von Muskulatur, Bindegewebe und Wirbelsäule, die nicht mehr behebbar sind). Zwischen den beiden anderen Gruppen, die die volle Breite der Haltungsstörungen von leichten Haltungsfehlern über Haltungsschwächen bis zu manifesten aber noch nicht ganz fixierten Wirbelsäulenverkrümmungen mit allen Zwischenformen umfassen, wird der Trennungsstrich von vielen Orthopäden unterschiedlich gezogen.

Insofern verschieben sich die Untersuchungsergebnisse der einzelnen Autoren in den ersten beiden Gruppen. Dennoch wird der Gesamtanteil von Haltungsstörungen in den jeweiligen Stichproben von Penners (1961), Jentschura (1955) und Koetschau (1955) in einer Schwankungsbreite von 37 % - 45 % angegeben. Für die Gruppe III streuen die Angaben auch nur gering (3 % - 4, 4 %). Breitenfelder (1955) kommt in einer fundierten Untersuchung zu einem Gesamtanteil von 75 % mehr oder weniger haltungsgefährdeter Kinder, stimmt aber in der Gruppe III (1, 83 %) mit den übrigen Autoren überein. Dessen ungeachtet unterstreichen alle Daten die potentielle Gefahr für jedes aufwachsende Kind, wenn von ca. 13. ooo in diesen Arbeiten untersuchten Kindern zwischen 10 und 19 Jahren nach den Autoren ca. 3. 600 Kinder Haltungsschäden der Gruppe II und III aufweisen, auch wenn die Grenze zur Gruppe I hin nicht ganz übereinstimmend gezogen wird.

Noch bedenklicher machen aber die Angaben, daß besonders zwischen dem 10. und dem 14. Lebensjahr die Haltungsstörungen der Gruppen II und III gegenüber denjenigen von Gruppe I stark zunehmen (siehe Abb. Seite 36), bei den Mädchen noch stärker als bei den Jungen (Gruppe II von 28 % auf 51 %; Gruppe III von 1 % auf 6 %; Breitenfelder, 1955).

Dadurch wird ein starker Zusammenhang zwischen Haltungsstörungen und der Pubertätsentwicklung deutlich, der sich bei haltungsschwachen Kindern auch in einer höheren Tendenz zu schmalen und gestreckten Körpern (leptosomer Konstitutionstyp) ausdrückt als beim Durchschnitt der jeweiligen Population. Mit dieser Tendenz ist neben häufiger allgemeiner Verzögerung der Entwicklung besonders die Anfälligkeit für Verzögerungen von Wachstum und Reifung im zweiten Pubertätsabschnitt gekoppelt.

Die Akzeleration ist deshalb sicher eine der wesentlichen Ursachen der Zunahme von Haltungsstörungen, da die haltungsschwachen Kinder vorwiegend einem Akzelerationstyp angehören, der von einer "Dissoziation der Pubertätsentwicklung mit isolierter Forcierung der Längenentwicklung bei Verzögerung der sonstigen Differenzierungsvorgänge" bestimmt wird (Matthiass, 1955).

Verschiedene Haltungsschwächen: (nach:Lehrbuch des Schulsonderturnens)

Totalrundrücken (S. 109)
Der Schultergürtel verlagert sich nach vorne. Die gesamte Wirbelsäule weist eine verstärkte kyphotische (s. unten) Krümmung auf. Zum Ausgleich wird der Rumpf in den Hüftgelenken zurückverlagert. Der Beckengürtel gerät damit in eine betont aufgerichtete bis zurückgeneigte Stellung. Die Lendenlordose (s. unten) ist abgeflacht bis aufgehoben.

Der Brustkorb verengt sich. Atmungs-, Herz- und Kreislauffunktionen werden behindert.

Geeignete Maßnahmen zum Ausgleich der sich hieraus ergebenden Schwächen sowie zur Behebung der physiologischen Lendenlordose sind:

a) Beweglichmachen des Schultergürtels
b) Dehnung der Brustmuskulatur
c) Kräftigung der Rücken- und Schultermuskulatur.

Hohlrücken (S. 124)
Beim Hohlrücken sind Bauch- und Gesäßmuskulatur geschwächt. Das Becken befindet sich in einer Kippstellung nach vorn. Daraus ergibt sich zwangsweise eine verstärkte Lendenlordose. Die untere Rückenstreckmuskulatur verkürzt sich.

Um dem Hohlrücken entgegenzuwirken, müssen die Übungen darauf gerichtet sein, einmal die geschwächten Muskelgruppen zu kräftigen, zum anderen den sich fixierenden Hohlrücken zu lockern.

Geeignete Maßnahmen zum Ausgleich:
a) Lockern und Beweglichmachen von unterer Rumpfhälfte (Becken- und Lendenwirbelsäule).
b) Dehnen der unteren Rückenstreckmuskulatur und der Hüftbeuger.
c) Kräftigen der geraden und schrägen Bauchmuskulatur und der Gesäßmuskulatur.

Schiefrücken (S. 143)
Hier liegt eine seitliche Verbiegung der Wirbelsäule vor, wodurch es auf der konvexen Seite der Krümmung zur Dehnung, auf der konkaven Seite der Krümmung zur Verkürzung des Muskel- und Bandapparates kommt.

Als Ausgleich sind alle Bewegungen angebracht, die der Übung der seitlichen Rumpfmuskulatur dienen (Rückenstreck- und schräge Bauchmuskulatur einer Seite). Sie sollen einerseits eine Lockerung der Muskulatur herbeiführen, andererseits zu deren Kräftigung beitragen.

Geeignete Ausgleichsmaßnahmen:
a) Lockerung des Schultergürtels,
b) Dehnen der Rückenstreck- und schrägen Bauchmuskulatur
c) Allgemeine Kräftigung der Rücken- und Bauchmuskulatur.

Lordose   : Krümmung der Wirbelsäule nach vorn (in der Hals- und Lenden-
             region normal)
Kyphose   : Krümmung der Wirbelsäule nach hinten (in der Brustregion nor-
             mal)
Skoliose : Krümmung der Wirbelsäule in seitlicher Richtung

2.5. LISTE DER BENÖTIGTEN UNTERRICHTSMEDIEN

Arbeitsbögen: A.B.1 bis 12 in Klassenstärke

Overheadfolien: Der menschliche Körper mit Skelett
(Overheadfolie zu A.B.4)
Aufbau eines Gelenkes
Die willkürliche Bewegung
(Overheadfolie zu A.B.9)
Die unwillkürliche Bewegung
(Overheadfolie zu A.B.10)

Film: + "Beuger und Strecker" (Westermann
Film, S 8 Nr. 355 405)

Diapositive: D.1 Beuger und Strecker (2)
D.2 Röntgenbild eines gebrochenen
Armes
D.3 Haltungsschwächen (7)

Präparate: P.1 Menschliches Skelett
P.2 Armskelett
P.3 Schädel
P.4 Tierisches Gelenk vom Schlachthof

Modelle: +M.1 Pappmännchen
M.2 Tafelzirkel oder Stativ
M.3 Technisches Modell eines Kugel-
gelenkes
M.4 Modell eines Ausschnittes aus der
Wirbelsäule
M.5 Holzmodelle

Verschiedenes: V.1 Karton
V.2 Streichholzschachtel
V.3 Geldstück
V.4 Präparierbesteck oder Messer,
evtl. Schere
V.5 zwei verschiedenfarbige Bälle
V.6 zwei Kartons
V.7 zwei Bügeleisen oder zwei Metall-
platten
+V.8 Flanelltafel mit Haftmaterial
V.9 Overheadprojektor
V.10 Diaprojektor
+V.11 Filmprojektor für S 8

2.6. ABKÜRZUNGEN

Abkürzungen für allgemeine (fachübergreifende) Lernziele:

Allgemeine Fertigkeiten:
auf der rein kognitiven Ebene:

B	Beobachten können (ohne Deutung registrieren)
A	Abstrahieren können (Superzeichenbildung)
T	Transfer vollziehen können (Übertragung abstrahierter Strukturen auf neue Sachverhalte)
S	Systematisieren können (ordnen, klassifizieren)
L	Logisch schließen können
F	Form und Funktion verknüpfen können
P	Problem lösen können (1. Problem erkennen; 2. Lösungshypothese aufstellen; 3. Konsequenzen aus der Hypothese deduzieren; 4. Wege zur empirischen Kontrolle der Konsequenzen finden; 5. Prüfung der Hypothese anhand der Konsequenzen)

auf der gemischt-pragmatischen Ebene:

D	Diagramme anfertigen und lesen können
J	Informationen beschaffen können ("wissen, wo")
R	Situationen rasch bewältigen können (umschließt B bis P einschließlich des Zeitfaktors)
U	Umweltbezug herstellen können (Einordnung des Wissens und Könnens in den Gesamtzusammenhang des täglichen Lebens)
V	Verbalisieren können (sich sprachlich sachgemäß ausdrücken)
M	Manuell operieren können (handwerkliche und künstlerische Techniken)

Allgemeine Einstellungen:

a	Aktivität (Bereitschaft zur Mitarbeit und Selbsttätigkeit)
e	Entscheidungsfreudigkeit (Mut zum Setzen von Prioritäten und Wertungen)
g	Positive Einstellung zum Leben in der Gemeinschaft (Kommunikations- und Kooperationsbereitschaft, Toleranz gegen Andersdenkende)
k	Aufgeschlossenheit für die Belange des eigenen Körpers (Bereitschaft zur Anwendung von Kenntnissen auf Körperhaltung und Körperpflege)
l	Bereitschaft zum ständigen Lernen und Umlernen
o	Offenheit zum sinnlichen Erleben (Ausgleich für die einseitig rationale Beanspruchung des Menschen in der technisierten Welt)
s	Bereitschaft zur Selbstkritik (Einsicht in die eigene Unzulänglichkeit; Bereitschaft, eigene Fehler und Irrtümer zu korrigieren)

Abkürzungen für Unterrichtsmedien:

A.B.	Arbeitsbogen
F.	Film
D.	Diapositiv
I.B.	Lehrerinformation
M.	Modell
O.	Overheadfolie
P.	Präparat
T.	Test
V.	Verschiedenes

Abkürzungen für Unterrichtsmethoden:

A. U.   Anweisender Unterricht
D. E.   Demonstrations-Experiment
G. A.   Gruppenarbeit
L. G.   Lehrgespräch
L. V.   Lehrervortrag
M. U.   Medienunterricht
S. E.   Schüler-Experiment
S. G.   Schülergespräch
S. V.   Schülervortrag
U. G.   Unterrichtsgespräch

+ bedeutet: fakultatives Unterrichtselement

2.7. LITERATURHINWEISE

Benninghoff, A., Goerttler, K.: Lehrbuch der Anatomie des Menschen. München: Urban + Schwarzenberg, Bd. I 1968, Bd. III 1967.

Breitenfelder: Ergebnisse der Untersuchungen auf Haltungsschäden an 600 Schulkindern. Verhandlungen der deutschen orthopädischen Gesellschaft, 43. Kongreß, 1955, S. 294 ff.

Bundesarbeitsgemeinschaft zur Förderung haltungsgefährdeter Kinder und Jugendlicher (Hrsg.): Lehrbuch des Schulsonderturnens. Bonn: Dümmler, 1972.

Burkhardt, D.: Wörterbuch der Neurophysiologie. Jena: VEB Fischer, 1971.

Eichler, J.: Spontanrupturen der Sehnen. Orthop. Praxis 1971, 10/VII, S. 256.

Faller, A.: Der Körper des Menschen. Stuttgart: Georg Thieme Verlag, 4. Auflage, 1970.

Grupe, H.: Biologie-Didaktik. Köln: Aulis Verlag Deubner & Co KG, 1971.

Jentschura: Ergebnisse von Haltungsuntersuchungen an Heidelberger Schulkindern. Verhandlungen der deutschen orthopädischen Gesellschaft, 43. Kongreß, 1955, S. 292.

Koetschau: Bericht über Untersuchungen von Haltungsfehlern an Hamburger Schulen. Verhandlungen der deutschen orthopädischen Gesellschaft, 43. Kongreß, 1955, S. 296.

Matthiass, H. H.: Die Bedeutung des Pubertätsablaufes für die Entstehung von Haltungsstörungen. Verhandlungen der deutschen orthopädischen Gesellschaft, 43. Kongreß, 1955, S. 300.

Metzner, A.: Wie gefährlich ist der Sport? In: Schultz, U. (Hrsg.): Das Große Spiel, Aspekte des Sports in unserer Zeit. Stuttgart: Fischer, 1965, S. 85 ff.

Mörike, K.D., Mergenthaler, W.: Biologie des Menschen. Heidelberg: Quelle & Meyer, 6. Auflage, 1970.

Penners: Wirbelsäulenverkrümmungen bei Schulkindern. Verhandlungen der deutschen orthopädischen Gesellschaft, 49. Kongreß, 1961, S. 57.

Pitzen, P., Rössler, H.: Kurzgefaßtes Lehrbuch der Orthopädie. München: Urban + Schwarzenberg, 1968.

Schwab, J.J.: Die Struktur der Naturwissenschaften. In: Ford, G. W., Pugno, L.: Wissensstruktur und Curriculum. Düsseldorf: Pädag. Verlag Schwann, 1972.

Sönnichsen, G.: Die Erneuerung des Biologieunterrichts im Rahmen der modernen Curriculumforschung. Hannover: Schroedel, 1973, Auswahl Reihe B 57/58.

STICHWORTVERZEICHNIS

NAMENSVERZEICHNIS

QUELLENNACHWEIS

Texte: S. 85 f.: H. Werner: Bis der Rücken bricht. In: Stern Magazin, 49/73, 29.11.1973, 32-36.

Diareihen: D.2: Dr. Havemann, Chirurgische Universitätsklinik Kiel. D. 3: Dr. Hepp, Orthopädische Universitätsklinik Kiel.

Wir danken den Personen und Institutionen für die Genehmigung der Abdrucke und Verwendung der Bilder und Diareihen. Die Rechte an den Texten und Bildern liegen bei den angegebenen Personen und Institutionen.

Neben der vorliegenden Einheitenbank für Biologie sind im IPN auch Curricula für Physik und Chemie entwickelt worden. Der inhaltliche Aufbau der einzelnen Einheiten und die Konzeption der Curricula sind relativ unabhängig voneinander, da Physik und Chemie besonders in den Orientierungsstufen von anderen Voraussetzungen (im Gegensatz zur Biologie noch nicht eingeführt, geringere Zahl der Wochenstunden) ausgehen mußten. Dennoch sind viele Zielsetzungen (z. B. umweltbezogener, schülerzentrierter Unterricht, Förderung der Eigenaktivität beim Schüler) und auch der formale Aufbau recht ähnlich. Jede Unterrichtseinheit umfaßt ein Lehrerheft, Arbeitsbogen für den Schüler, ein Testheft und Begleitmedien. Im Lehrerheft sind didaktische Vorüberlegungen, Anleitungen zum Unterrichtsverlauf, Stundenentwürfe, Evaluationsergebnisse, Listen der benötigten Unterrichtsmedien und -materialien, Literaturhinweise und Testmaterialien enthalten. Die einzelnen Einheiten des Physik- und Chemiecurriculum bestehen aus 7 bis 12 (Physik) bzw. 10 bis 17 (Chemie) Unterrichtsstunden.

Das Prinzip der Einteilung in weitgehend selbständige, in sich abgeschlossene Unterrichtseinheiten und das verwandte Aufbaumuster ermöglichen eine Koordination einzelner ausgewählter Unterrichtseinheiten der drei Curricula zu einem naturwissenschaftlichen Unterricht. Entsprechende Erprobungen in Gesamtschulen sind insgesamt positiv verlaufen.

Das IPN-Curriculum Physik ist in der Orientierungsstufe hauptsächlich an der Entwicklung physikalischer Konzepte, weniger an der Darstellung physikalischer Prozesse ausgerichtet. Es umfaßt folgende Teile:

OS 1 Der elektrische Stromkreis

OS 2 Arbeit und Energie

OS 3 Ausdehnung bei Erwärmung - Temperaturmessungen - Wärmeausbreitung

OS 4 Länge - Zeit - Geschwindigkeit

OS 5 Magnetismus

OS 6 Licht und Schatten

OS 7 Kräfte.

OS 8 Fotografie

Das IPN-Curriculum Chemie versucht einen von der eigenen Disziplin her konzipierten naturwissenschaftlich-technischen Ansatz durchzuführen, der weitgehend offen ist für die Ergänzung durch physikalische und biologische Curriculumeinheiten. Bei diesem Ansatz wird von phänomenologischen Betrachtungen zu fachlichen Fragestellungen weitergeführt. Das Curriculum umfaßt in der Orientierungsstufe folgende Teile:

C 1.1 Wir reinigen Wasser und gewinnen Speisesalz

C 1.2 Wir untersuchen das Entfachen von Feuer, das Verschwelen und das Verbrennen

C 1.3   Wir lernen beim Bau einer Hütte Stoffarteigenschaften und Stoffart-
umwandlungen kennen und unterrichten uns über die Bekämpfung von
Bränden

C 1.4   Wir untersuchen Kalk und Zementmörtel

C 1.5   Wir machen Nahrungsmittel haltbar und untersuchen Gärungen

C 1.6   Wir lernen,wie man Metalle herstellt und wozu man diese verwendet nn

C 1.7   Wir lösen, kristallisieren, extrahieren und fällen

C 1.8   Wir stellen elektrochemische Zellen her und untersuchen an diesen
Stoffart- und Energieartumwandlungen.

Das Physik- und das Chemiecurriculum werden vom Ernst-Klett-Verlag in
Stuttgart verlegt.